高等职业教育职业素养教材系列

HIGHER VOCATIONAL EDUCATION PROFESSIONAL QUALITY TEXTBOOK SERIES

主　编　吴国旭　崔　迎
副主编　涂郑禹　孙　皓
参　编　陈　娜　宫艳超　曹晓霞　孙　娜　曹卫忠

MARXIST LABOR VIEW AND LABOR EDUCATION

马克思主义劳动观与劳动教育

天津大学出版社
TIANJIN UNIVERSITY PRESS

内容提要

本教材是高等职业教育职业素养教材系列之一。劳动教育是社会主义教育的重要特征，从马克思主义哲学的视角看，劳动是人有意识地、自觉地改变环境、改变世界的活动；从历史唯物主义的视角看，劳动是人类社会赖以生存和发展的前提，正所谓“劳动创造了世界，劳动创造了历史，劳动创造了人本身”。劳动教育既是教育内容也是教育目的，意在培养学生的劳动本领，引导他们树立劳动光荣的价值观，保持作为社会主义国家主人翁的劳动本色。劳动教育是培养社会主义建设者和接班人的重要途径。

本书围绕马克思主义劳动观、新时代劳动价值观和劳动者权益维护三大核心内容，共分6个专题。分别是劳动创造历史、劳动成就人生、劳动创造未来、劳动创造幸福、新时代合格劳动者和劳动者权益维护。教材中每个专题以开篇语的形式展开，内容以模块形式展现，结尾辅以主题实践活动，结构清晰，方便读者学习和使用。

图书在版编目(CIP)数据

马克思主义劳动观与劳动教育 / 吴国旭, 崔迎主编；涂郑禹, 孙皓副主编；陈娜等参编. -- 天津：天津大学出版社, 2023.12（2025.9重印）

高等职业教育职业素养教材系列

ISBN 978-7-5618-7638-1

Ⅰ. ①马… Ⅱ. ①吴… ②崔… ③涂… ④孙… ⑤陈… Ⅲ. ①马克思主义－劳动价值论－高等职业教育－教材 ②劳动教育－高等职业教育－教材 Ⅳ. ①A811.66 ②G40-015

中国国家版本馆CIP数据核字(2023)第227840号

MAKESI ZHUYI LAODONGGUAN YU LAODONG JIAOYU

出版发行　天津大学出版社
地　　址　天津市卫津路92号天津大学内（邮编：300072）
电　　话　发行部：022-27403647
网　　址　www.tjupress.com.cn
印　　刷　天津泰宇印务有限公司
经　　销　全国各地新华书店
开　　本　787mm×1092mm　1/16
印　　张　10
字　　数　250千
版　　次　2023年12月第1版
印　　次　2025年9月第5次
定　　价　48.00元

前言

马克思主义是由马克思和恩格斯创立的关于无产阶级解放斗争的科学理论体系，是无产阶级和所有劳动人民根本利益的思想表现。“劳动观”是指人们对劳动的根本看法和观点。“劳动”不仅是马克思主义理论体系的重要范畴，还在其中占据着举足轻重的地位。马克思、恩格斯站在劳动人民的立场实现了对前人劳动观的批判性继承与发展，通过对劳动的分析，马克思、恩格斯揭示了劳动是人的本质活动，也揭秘了可以认知整个人类历史存在和发展的密匙。“马克思主义劳动观”即是马克思、恩格斯的劳动观以及他们的继承者对马克思、恩格斯劳动观的丰富和发展。

劳动教育是中国特色社会主义教育制度的重要内容，也是组织学生实践，培养其形成劳动观念、劳动习惯，使其初步掌握现代生产的基本知识、基本技能的教育。党的十八大以来，中国特色社会主义进入新时代。国家领导人多次强调热爱劳动、尊重劳动、劳动光荣，强调加强劳动教育，并将其纳入人才培养全过程，着力培育高素质劳动者，培养担当民族复兴大任的时代新人。2018 年 9 月，习近平总书记在全国教育大会上强调“培养德智体美劳全面发展的社会主义建设者和接班人”，提出“德智体美劳”“五育并举”的总体要求，教育始终追寻和坚持马克思主义关于“人的全面发展”的理论和思想。此后，2019 年陆续印发的《中共中央 国务院关于深化教育教学改革全面提高义务教育质量的意见》《教育部关于职业院校专业人才培养方案制订与实施工作的指导意见》等文件，都着重强调构建德智体美劳全面培养的教育体系。2020 年 3 月，中共中央、国务院印发的《关于全面加强新时代大中小学劳动教育的意见》，对新时代劳动教育作了顶层设计和全面部署；同年 7 月，教育部印发的《大中小学劳动教育指导纲要（试行）》，着眼于落地落实，绘制出了一份全学段劳动教育推进路线图。

职业教育作为现代国民教育体系的重要组成部分，在实施科教兴国战略和人才强国战略中具有特殊的重要地位。新时代职业院校开展劳动教育，要根据学生的年龄并结合专业学习实际设计具身化的劳动教育内容，以具身化的方式开展教育活动，使其身心皆参与、沉浸其中，通过劳动培育学生形成马克思主义劳动观，包括劳动精神面貌、劳动价值取向和劳动技能水平，从而真正实现“以劳树德”“以劳增智”“以劳强体”“以劳育美”“以劳创新”的目标。

本教材以劳动历史观、劳动幸福观和劳动解放思想为主要内容的马克思主义劳动观为理论根基，通过生动案例、阅读材料等素材帮助读者领悟“劳动最光荣、劳动最崇高、劳动最伟大、劳动最美丽”的新时代劳动价值观。同时，针对教材中的重点、难点、抽象的知识点，将讲解视频以二维码的形式呈现出来，丰富了资源呈现的多样性。本教材由天津渤海职业技术学院教师编写。其中，专题一由曹卫忠、孙皓老师编写，专题二由涂郑禹老师编写，专题三由曹晓霞、吴国旭老师编写，专题四由孙娜老师编写，专题五由宫艳超、崔迎老师编写，专题六由陈娜老师编写，全书由吴国旭、崔迎、涂郑禹和孙皓四位老师统稿。

在本教材编写过程中，编者参考了大量的文献资料，在此向有关专家、作者表示由衷的谢意；另外，阅读了大量专家的博客、微信公众号、微博等相关资料，但未能在教材中一一列出，在此向他们致歉并表示衷心的感谢；同时也感谢编者所在单位领导和同事的大力支持与热情帮助。

由于编写时间仓促及编者水平、经验有限，书中难免存在缺点和疏漏之处，敬请广大读者和专家批评指正。

编　者

2023 年 10 月

目　　录

Contents

专题一　劳动创造历史

【开篇语】

马克思主义理论指出，历史是人类通过主观能动性创造的，而劳动是人类获取专属报酬的最基本方式，人类正是通过劳动不断改进自己的能力，提高科技水平，推动社会往信息化、智能化方向发展，从而推动整个历史长河的演变。如果从哲学高度来讨论，劳动这一行为是客体、主体和意义的内涵集成体。劳动是人类社会发展和赖以生存的基础，主要是指生产物质资料的过程，通常是指能够对外输出劳动量或劳动价值的人类运动，劳动是人维持自我生存和自我发展的唯一手段。按照传统的劳动分类理论，劳动可分为脑力劳动和体力劳动两大类。劳动是人类运动的一种特殊形式。在商品生产体系中，劳动是劳动力的支出和使用。马克思给我们下了这样的定义：劳动力的使用就是劳动本身。劳动力的买者消费劳动力，就是让劳动力的卖者为其提供劳动。

【学习目的及要求】

马克思在历史唯物主义创立中实现了“劳动”范畴的革命性变革，从劳动塑造人、劳动创造历史、劳动实现自由三个层面建构了科学劳动观。通过本专题的学习，了解劳动是如何创造历史的，掌握劳动在人类进化中的作用以及劳动在人类历史发展中的意义。

模块 1　劳动创造人类

1.1　劳动的前世今生

扫一扫：劳动的前世今生

凡是了解历史的人都知道，在从猿到人的转变中，劳动起了决定性作用. 古猿人之所以能够直立行走，能够最终走出森林成为真正意义上的人类，劳动的作用是无可替代的。正是由于劳动，才使我们的祖先由动物进化成现在的人类。人类的发展史其实就是一部劳动史，是劳动创造了历史，是劳动改变了世界。马克思曾说：“任何一个民族，如果停止了劳动，不用说一年，就是几个星期也要灭亡。”大发明家爱迪生说过：“世间没有一种具有真正价值的东西，可以不经过艰苦辛勤的劳动而能够得到。”毛泽东有句名言：“一切坏事都是从不劳而获开始的。”不劳而获是犯罪的重要思想根源。

人类的进化从早期的人属、鲁道夫人、能人、匠人到晚期的智人，经历了二三百万年的进化。人类发现并掌握了火的使用，工具也日益锋利尖锐，并更加复杂、规范、标准，同时人类的脑容量也在不断增加，翻了两到三倍。技术的发展、语言的进步使劳动方式作为社会生存行为模式不断发生演变,有力地推动了脑容量的扩大和智力的增长,同时反过来智力又推进了技术和语言的进一步发展前进。劳动和人类自身的进化就如同自行车的两个轮子,朝着共同的方向前进,劳动成为人类进化的动力。

人科物种的直立行走、意识、语言和文化诸方面都必须通过工具的制造和使用及相关的协作行为才能得到基本的说明。因此厘清"劳动"概念和"工具的制造和使用"的观念的关系,阐明劳动的含义,确切地说明在劳动问题上动物与人尤其是猿与人的分界,在人类演化的研究中尤为关键。我们可以把劳动定义为人类超越本能,以来自自身以外的工具和装备,主动地作用于自然界,从而使人类自身得以生存的一种社会行为模式。因此我们讨论劳动在人类进化中发挥的重要作用时,首先是将劳动作为工具行为。

人既是演化过程的最特别的产物,又能有意识地通过劳动左右自身和其他生物的演化进程,那么能否可以认为劳动在人类演化中具有决定性作用呢?答案是肯定的。自从恩格斯的《劳动在从猿到人转变过程中的作用》一文的核心观念被简化为"劳动创造了人"的表述以来,国内外热议不断,因为劳动将人之所以为人的各个特征加以整合,如直立行走、手脑语言的形成。恩格斯认为,劳动"是整个人类生活的第一个基本条件,而且达到这样的程度,以致我们在某种意义上不得不说:劳动创造了人本身"。在古猿进化到人的过程中,其脑容量不断增加。早期人类在使用天然工具的过程中,逐渐学会了制造工具。随着制造工具越来越复杂,他们的大脑也变得越来越发达,并在群体生活中产生了语言,逐渐发展成现代的人类社会。工具的制造和使用促进了脑的发展,而脑的发展又提高了他们制造工具的能力;能够用火是人类与动物的一个重要差别,早期的人类用火烤制食物来吃,从而改善了身体的营养,有利于脑的发育,大大增强了他们在自然界中的生存能力;语言的产生,使得人类相互之间能更好地交流与合作。在人类的进化过程中,劳动是一个重要因素,劳动使人类的身体得到协调发展,最终演变成自然界的强者。

我们在肯定自然选择对促进人类进化作用的同时,也赞同劳动创造了人本身,劳动在人类社会和体质形态上起到了创造性的作用。当然,在人类进化过程中,以劳动为核心动力的技术发展与脑容量扩增、智力提升和语言进步相互促进,互相反馈,劳动从此成为人类特有的生存模型和适应模型。当然,这里的劳动既包含了广义的劳动概念,也包含了狭义的劳动概念。也许有人认为劳动创造了人的表述是拉马克进化论的观念,但仍不能否认劳动在人类进化中起到了重要的作用,即便不是决定性的作用。人类进化包括内外两方面的因素,基因突变是内因,而自然环境和工具行为是外因。而劳动作为外因,发挥了非常重要的"选择"作用。

因此,综上所述,我们可以看到,劳动是人类特有的社会生存模式,是人类区别于其他动物的重要特征,是推动人类进化的主要动力。善于劳动、善于创造是中华民族的优秀品德,正是因为劳动创造,我们书写了辉煌的历史;正是因为劳动创造,我们拥有了今天的成就;正是因为劳动创造,我们续写着伟大复兴的篇章。

1.2 劳动促进人类生物进化

1.2.1 劳动首先解放了人的双手

扫一扫:劳动促进人类自身的生物进化

在几十万年以前,在地质学上叫作第三纪的那个地质时代的某个还不能确切肯定的时期的末期,在热带的某个地方,可能是现在已经沉入印度洋底的一大片陆地上,生活着一个异常高度发达的类人猿的种属。这些就是我们的祖先,它们浑身长毛,有胡须和尖耸的耳朵,成群地生活在树上。

由于它们受到在攀缘时手开始与脚分工的影响,逐渐开始直立行走,由此迈出了从猿到人的具有决定性意义的一步。随着时间的推移,手也开始越来越多地从事其他活动了。经历了漫长的时间之后,具有决定意义的一步开始迈出了,手变得自由了,并能不断掌握新的技能,而由此获得的更大的灵活性便遗传了下来,并且一代一代地提高。所以,从这个意义上讲,手不仅仅是劳动的器官,而且还是劳动的产物。

1.2.2 劳动产生了语言,并使猿脑过渡到人脑

随着手的发展以及随着劳动而开始的人对自然的支配,在每一个新的进展中人的眼界扩大了。他们在自然对象中不断发现新的、以前所不知道的特点。另外,当这种劳动发展了之后,社会成员开始有了互相结合的进一步需要,已经到了不得不说些什么的地步了。因此,猿类的不发达的喉头,由于音调的抑扬顿挫的不断加多,缓慢而肯定无疑地得到了改造,而口部的器官也逐渐学会发出一个接一个的清晰的音节。于是首先是劳动,然后是语言和劳动一起,成了两个最主要的推动力,在它们的影响下,猿脑就逐渐过渡到人脑。

随着脑的进一步发育,与脑最密切的工具,即感觉器官,也进一步发育起来。正如语言的逐渐发展必然伴随着听觉器官的相应完善化一样,脑的发育也总是伴随着所有感觉器官的完善化。

大脑和为它服务的感官、越来越清楚的意识以及抽象能力和推理能力的发展,又反作用于劳动和语言,为其进一步发展不断提供新的动力。这种进一步的发展,并没有在人同猿最终分离时就停止了,而是此后在人类社会形成的过程中大踏步地前进着。从攀树的猿群进化到人类社会之前,经过了漫长的时间,而这在地球的历史上只不过相当于人生命中的一秒。但是人类社会最后还是出现了。

1.2.3 劳动创造了生产工具,延伸了人的身体

仅仅靠人手的活动或者靠掠夺行为存活下来,还不是真正的劳动。真正的劳动是从制造工具开始的。最古老的工具是打猎的工具和捕鱼的工具。这说明打猎和捕鱼意味着从只吃植物到了同时开始吃肉,这是从猿转变为人又向前前进了一步的重要标志。肉类食物的食用,提供了身体新陈代谢所必需的重要物质,缩短了消化过程,因此也赢得了更多的时间、更多的物质和更多的精力来过真正的生活,也因此促进了人脑的发育。

工具是人体自然器官的延伸,本身也是劳动的产物。工具的进化,成为人类社会发展的一

个证明，是生产力发展水平的一个标尺。人们以工具使用的类型来命名一个时代的特征，例如旧石器时代、新石器时代、青铜器时代、铁器时代。

1.2.4 劳动产生了火的使用和动物的驯养

由于生产工具的出现，极大地提高了人类获得食物尤其是肉类食物的能力。而肉食引起了两个新的有决定意义的进步，那就是火的使用和动物的驯养。前者更加缩短了消化过程，后者使肉食更加丰富起来，因为它在打猎之外开辟了新的更有规律的肉食来源，除此之外是奶和奶制品之类的新的食品。除打猎和畜牧外，后来又有了农业。农业之后又有了纺纱、织布、冶金、制陶器和航行。伴随着商业和手工业，最后出现了艺术和科学。

1.2.5 劳动推动了社会生产，使人类开始驾驭自己的命运

人类从事采集、渔猎是为了从自然界中取得自己的生活所需，而原始农业的产生则标志着人类在自然界中开始创造自己的生活所需了。这一由“取得”到“创造”的革命性的变革大约出现于从旧石器时代向新石器时代过渡的时期。农业生产的最初方式是刀耕火种。人们用石斧之类的工具砍倒树木，晒干后连同地面树叶和杂草一起放火烧掉，然后用木棒、石锄等工具挖坑播种，成熟后再用石镰或蚌镰收割，然后再用石磨和石碾加工，这就是最初的刀耕火种的情景。

随着时间的推移，农业生产方式由刀耕火种农业发展为耕锄农业。随着生产工具的不断改进，人们可以捕获更多的飞禽走兽，除了满足食物需求外，尚有剩余，于是就把多余的、尚未宰杀的动物养起来，使之成为家畜。

1.2.6 劳动发展到手工业时代，人的身体机能进一步得以扩张

随着生产力发展水平的提高，手工业也得到了极大的发展，逐渐形成了制陶、纺织、建筑和交通等手工业。制陶技术与火的使用联系在一起。人们有了火便开始吃熟的食物。起初，人们把食物放在木制容器内进行烧烤时，怕把木器烧坏，便在器具外面附上一层黏土，但在加热过程中黏土硬化脱落而成器皿，受其启发从而使人们联想到用火直接烧制陶器。制陶技术大约出现在公元8000—9000年前，人类发明的陶轮最早的加工机械，也是当今一切旋转切削机具的始祖。可以说制陶技术的发明使人类第一次能够制造出自然界原来并不存在的器物。制陶业的发展，造就出一批技术高超的手工艺人，这些人专门从事制陶业，逐渐形成了一个专门的行业。它也促进了手工业的出现，比如利用植物纤维制成纺织品满足人类穿衣的需要，建造房屋建筑满足人类躲避风雨栖居的需要，使用交通工具促进交通与运输的发展等，从而使手工业从农业和畜牧业中脱离出来。到后来冶金技术的出现，表明了石器时代的结束，金属时代兴起。

1.2.7 劳动促进了近代工业革命的发生，人的能力得以空前展现

为了开发各种金属、非金属、能源矿藏等非再生资源，人类学会了对天然产物的进一步加工，产生了真正的工业，劳动工具也发展到机械工具，从而相继在18世纪中期到19世纪形成了两次技术革命。

以蒸汽机的发明和使用为标志的第一次技术革命，可以说是劳动工具的革命。纺织机的改革是第一次技术革命的起点。大机器的出现，代替了原来的手工生产，也从而代替了人的

手。因为之前的手工生产的特点是工具由人手操纵，主要依赖于人的体力，而大机器的出现消除了人的天然器官（手）的生理功能的局限。

第二次技术革命是以电机的发明和电力的应用为标志，从19世纪70年代开始，电能作为新能源逐步取代蒸汽机而占据了统治地位，人类进入了电气化时代。近代的工业革命是人类历史上更为辉煌的一页，而这一切要归功于伟大的劳动。正如马克思、恩格斯在《共产党宣言》中所指出的："自然力的征服，机器的采用……整个整个大陆的开垦，河川的通航，仿佛用法术从地下呼唤出来的大量人口——过去哪一个世纪料想到在社会劳动里蕴藏有这样的生产力呢？"

历史上多次社会大分工导致的社会生产力的不断飞跃，使人类开始了波澜壮阔的创造财富的过程，从而创造了人类社会历史的伟大进程。与此同时，一个真正大写的"人"字开始矗立在天地之间。

1.3 劳动工具创新简史

在人类的历史上，劳动工具的每一次变革，都带来了划时代的生产方式的变革，并随之带动社会形态的变革，从原始社会到资本主义社会的演变过程，清晰地反映出劳动工具与社会发展的相互关系。人类创造和使用工具是人类终于从蒙昧的野人时代进化到原始社会时代的终极原因，石器的使用使原始人类极大地提高了在原始大地上生产生存的能力，从而开创了人类成为地球主宰的时代。

青铜器时代对应于奴隶社会，铁器时代对应于封建社会，起因于青铜工具比石制工具更易于制造和使用，因而可获得更高的劳动效率；而铁器的性能比之于青铜器更易于锻造，且更加坚硬和锋利，更利于制作农业工具。从石器到青铜器，再到铁器，制作工具的材料的变革提高了劳动工具的使用性能，并相应地提高了劳动效率，由劳动效率的提高使社会形态发生相应的变革，人类社会相应地从原始社会进化到奴隶社会和封建社会。

从石器工具到青铜器工具、铁器工具，制造工具的材料的变革引导了生产方式的变革，而工具的动力仍来自人力，因而封建社会及其之前的人类社会是属于无动力工具时代。

机器的使用开创了人类的有动力工具时代，人类进入资本主义社会。动力工具的使用极大地加快了生产力发展，人类社会进入更快、更高的发展阶段。机器的创造和使用使人类的劳动效率比之于之前的任何时期都有了极大的提高，人类社会进入到加速发展时期，大量人口从商品生产的劳动中脱离出来，成为社会生产的管理者，大量的脱离了劳动的人员投入创造新劳动工具的创造活动中，极大地加快了现代科学技术的发展。

资本主义社会科学技术水平的快速提高有力地促进了生产力的发展，随着智能技术的开发和应用，智能机器时代正向我们走来。当智能机器时代最终来临的时候，人类将从商品生产的劳动中彻底脱离出来，狭义的劳动者阶级将从此消失在人类历史的长河中。

1.4 拓展活动:参观自然历史博物馆

1.4.1 活动主题

在学习专业知识之余,通过参观当地自然历史博物馆,丰富校园文化活动,帮助同学们了解当地历史文化和特色,同时增强同学之间的交流与友谊。

1.4.2 活动时间

建议 2 周。

1.4.3 参加人员

全体学生。

1.4.4 活动内容

(1)参观博物馆,了解博物馆的建造历史、结构特点和艺术价值;

(2)欣赏自然文物,体会文物艺术;

(3)了解相关自然文物知识,成员间交流心得。

【拓展阅读】

天津自然博物馆

天津自然博物馆新馆位于天津文化中心、原天津博物馆内,是中国第一个主题单元化、全景式展示的自然探索、科学体验、科学教育的自然史博物馆。天津自然博物馆前身是北疆博物院,于 1914 年由法国传教士桑志华创办。1927 年对外开放。1952 年改建为天津市人民科学馆, 1957 年正式定名天津自然博物馆。截至 2014 年末,天津自然博物馆占地面积为 5 万平方米,总建筑面积为 3.5 万平方米,展示面积为 1.4 万平方米,包括常设陈列区、临展区、体验娱乐区、科普教育区四部分。馆藏生物标本 40 万件,其中一、二级珍品 1 282 件,模式标本 1 452 件。天津自然博物馆新馆以"家园"为总主题,从户外"家园·足迹"到首层"家园·探索",从二层"家园·生命"到三层"家园·生态",讲述一个从远古到当代、从世界到天津的"家园"故事。

二层展示面积为 5 700 平方米,由"远古家园"和"现代家园"两大部分内容组成,采用古今结合的主题单元展示方式,展出古生物化石、岩矿及动植物标本近万件;依托新的地球观和最新科学研究成果,展示地球家园 38 亿年来生命世界由无机到有机、由单细胞到多细胞、由简单到复杂、由低等到高等的发生、发展,乃至到现在波澜壮阔、跌宕起伏的演化历程。展览分为八大单元,第一单元:生命诞生,地球不再荒寂;第二单元:神奇爆发,生物从此繁盛;第三单元:各显其能,争霸喧嚣海洋;第四单元:从水到陆,开拓崭新家园;第五单元:多样演化,爬行鼎盛一代;第六单元:鸟儿飞天,天空的新主人;第七单元:兴衰更替,哺乳动物辐射;第八单元:人猿分野,智慧生物起源。

模块 2 劳动创造物质文明

2.1 人类智慧与辛勤劳动的结晶——都江堰

扫一扫:都江堰

都江堰位于中国四川省成都市的西部,是当今世界年代久远、唯一留存、以无坝引水为特征的宏大水利工程,被誉为世界文化遗产和水利工程的奇迹(图 1-1)。它充分利用当地西北高、东南低的地理条件,根据江河出山口处特殊的地形、水脉、水势,乘势利导,无坝引水,自流灌溉,使堤防、分水、泄洪、排沙、控流相互依存,共为体系,保证了防洪、灌溉、水运和社会用水综合效益的充分发挥。它是中国古代水利工程的代表之一,是人类智慧与辛勤劳动的结晶。

图 1-1 都江堰

(图片来源:都江堰旅游门户网)

都江堰是由渠首枢纽、灌区各级引水渠道,各类工程建筑物和大中小型水库及塘堰等所构成的一个庞大的工程系统,包括鱼嘴、飞沙堰和宝瓶口三个主要组成部分,担负着四川盆地中西部地区 7 市(地)40 县(市、区)1 130 万余亩(1 亩 ≈ 666.67 平方米)农田的灌溉以及成都市多家重点企业和城市生活的供水,并具有防洪发电、水产养殖、林果栽培、旅游休闲等综合效益,是四川省国民经济发展不可替代的水利基础设施。

鱼嘴分水堤又称"鱼嘴",是都江堰的分水工程,因其形如鱼嘴而得名,它昂头于岷江江心,包括百丈堤、杩槎、金刚堤等一整套相互配合的设施。其主要作用是把汹涌的岷江分成内外二江，西边叫外江，俗称“金马河”，是岷江正流，主要用于排洪；东边沿山脚的叫内江，是人工引水渠道，主要用于灌溉。鱼嘴决定了内外江的分流比例，是整个都江堰水利的关键部分。春季时，水量小，四成江水流入长江，六成江水流入内江，以此保证春耕。进入春夏时节，雨季江水较多，水位高过鱼嘴，六成水被分流出外江，四成水流入内江，以此保护灌溉地区。这种四六分法也被人们称作“分四六，平潦旱”，并能使岷江总来沙量 80% 以上的泥沙（推移质和悬移质）从外江（岷江正流）分走，内江用于灌溉，外江用于排洪。

飞沙堰溢洪道又称“泄洪道”，具有泻洪、排沙和调节水量的显著功能，故又叫它“飞沙堰”。飞沙堰是在分水堤坝中段修建的泄洪道，洪水期不仅泄洪水，还利用水漫过飞沙堰流入外江水流的漩涡作用，有效地减少了泥沙在宝瓶口前后的淤积。飞沙堰的主要功能为拦水、分洪、排沙。治水三字经中有“深淘滩、低作堰”六字，“深淘滩”即指都江堰渠首内江大修期间飞沙堰对岸的凤栖窝淘淤，深至所埋“卧铁”露出来为止；而“低作堰”即指飞沙堰的堰顶高程，目前为飞沙堰正中的堰顶高程。“深淘滩、低作堰”是相辅相承的，互为前提，保证过水断面，以确保宝瓶口的进水量。

宝瓶口是内江的进水口，由人工在湔山（今名灌口山、玉垒山）伸向岷江的长脊上凿开，起“节制闸”作用。宝瓶口是控制内江进水的咽喉，能自动控制内江进水量，因其形似瓶口且功能奇特，故名宝瓶口。留在宝瓶口右边的山丘，因与其山体相离，故名离堆。离堆在开凿宝瓶口以前，是湔山虎头岩的一部分。由于宝瓶口自然景观瑰丽，有“离堆锁峡”之称，属历史上著名的“灌阳十景”之一。

都江堰的奇迹始于古代的秦朝，秦昭王后期（约公元前 276 年至公元前 251 年），蜀郡守李冰总结了前人治水的经验，组织岷江两岸人民修建都江堰。李冰注重实地考察，发现岷江出高山峡谷，河面开阔，流速顿减，左岸一带山势弯环。他根据这些地形特点和资源条件，精心设计了都江堰水利工程。首先“凿离堆，避沫水之害”。即将瀚山伸向灌县城西的一段余脉，凿开一道约二十米宽的引水口，这既可以分洪减灾，又能引水灌溉成都平原。二是“壅江作”。即修筑都江堰分水堤。其布局是：在离堆以上的一段江心，沿左侧山麓的走向，就地取沙石修筑长堤。并将此段山麓修整成为引水渠的左岸，构成从右（岷江正流）向左的弧形弯道（这段弯道称为内江），以迫使表层水自右向左进入引水渠；底层水挟带泥沙仍奔向正流。此举大大减少了灌溉渠道的泥沙淤积数量，使渠道的畅通得到保障。《益州记》在叙述这段史实中写道：“江至都安，堰其右，检其左，其正流遂东……”意思是说，岷江水流，经分水堤右侧的导引和左面山岩的钳制，驯服地流向成都平原。三是“穿二江成都之中”。即在离堆引水口以下，开凿两大干渠（即今之走马河、柏条河），将水引入成都平原。

都江堰不仅是一座水利工程，更是一种文化和精神的象征。在古代没有现代科技、没有高科技工具的情况下，李冰和他的团队能够通过自然地形和对岷江水流的熟练掌握，完美地将岷江水引导到成都平原。在修建过程中，他们利用了口、堰和渠等水利设施，确保了岷江水的流量稳定和灌溉的效果。在李冰的设计及监督下，庞大的工程如同一部精密的交响乐，谱写出人与自然和谐共生的奇迹。

2.2 世界最大的宫殿——故宫

故宫，又称紫禁城，是明清两代的皇宫，是我国现存最大最完整的古建筑群，也是世界上现存规模最大最完整的古代木结构建筑群。它是我国劳动人民无与伦比的古代建筑杰作（图 1-2）。

图 1-2 故宫太和殿

（图片来源：故宫博物院官方网站）

故宫建于明永乐四年（公元 1406 年），历时 14 年才完工，共有 24 位皇帝先后在此登基。它占地 72 万多平方米，共有宫殿 9 000 多间，都是木结构、黄琉璃瓦顶、青白石底座，饰以金碧辉煌的彩画。这些宫殿是沿着一条南北向中轴线排列，并向两旁展开，南北取直，左右对称。这条中轴线不仅贯穿在紫禁城内，而且南达永定门，北到鼓楼、钟楼，贯穿了整个城市，气势宏伟，规划严整，极为壮观。建筑学家认为故宫的设计与建筑，实在是一个无与伦比的杰作，它的平面布局、立体效果以及形式上的雄伟、堂皇、庄严、和谐，都可以说是罕见的。它标志着我们的祖国悠久的文化传统，显示着五百多年前匠师们在建筑上的卓越成就。

故宫里最吸引人的建筑是三座大殿：太和殿、中和殿和保和殿。它们都建在汉白玉砌成的 8 米高的台基上，远望犹如神话中的琼宫仙阙。第一座大殿太和殿是最富丽堂皇的建筑，俗称"金銮殿"，是皇帝举行大典的地方。御座设在殿内高 2 米的台上，前面有造型美观的仙鹤、炉、鼎，后面有精雕细刻的围屏。整个大殿装饰得金碧辉煌、庄严绚丽。中和殿是皇帝去太和殿举行大典前稍事休息和演习礼仪的地方。保和殿是每年除夕皇帝赐宴外藩王公的场所。

故宫建筑的后半部叫内廷，以乾清宫、交泰殿、坤宁宫为中心，东西两翼有东六宫和西六宫，是皇帝平日办事和他的后妃居住生活的地方。后半部在建筑风格上不同于前半部。前半部建筑形象是严肃、庄严、壮丽、雄伟，以象征皇帝的至高无上。后半部内廷则富有生活气息，建筑多是自成院落，有花园、书斋、馆榭、山石等。在坤宁宫北面的是御花园。御花园里有高耸的松柏、珍贵的花木、山石和亭阁，其中名为万春亭和千秋亭的两座亭子，可以说是现存古亭中最华丽的了。

故宫博物院藏有大量珍贵文物,据统计总共达 1 052 653 件之多,占全国文物总数的 1/6,其中有很多是绝无仅有的国宝。在几个宫殿中设立了历代艺术馆、珍宝馆、钟表馆等,爱好艺术的人在这些无与伦比的艺术品前,往往久久不忍离去。设在故宫东路的珍宝馆,展出各种奇珍异宝。如一套清代金银珠云龙纹甲胄,通身缠绕着 16 条龙,形状生动,穿插于云朵之间。甲胄是用约 60 万个小钢片联结起来的,每个钢片厚约 1 毫米,长 4 毫米,宽 1.5 毫米,钻上小孔,以便穿线联结。据说,为制造这套甲胄,共用了 4 万多个工时(图 1-3)。

图 1-3 故宫中陈列的甲胄(组图)

(图片来源:故宫博物院官方网站)

2.3 向劳动者致敬——中国万里长城到底如何修建

扫一扫:中国万里长城是如何修建的

历史文化遗产是我们国家的一张“金名片”,只有保护好这份历史的财富,才能让中华文明世代传承。如何更好地读懂这些中国的世界遗产?下面通过学习中国万里长城是如何修建的,来致敬我们伟大的劳动者。

长城诞生于公元前七百多年,几乎伴随了中国封建社会发展的全过程,它是世界上有史以来最长的一道军事防御工程。当时中国的北方居住着许多游牧民族,他们逐水草而居,没有耕地耕作,为了生存牧民们便骑上快马闯入中原地区掠夺粮食。游牧民族飘忽不定的行踪和迅疾猛烈的攻击力,总是令中原边疆的农民甚至军队束手无策。为了阻挡游牧民族的进攻,中国北部各诸侯国开始用城墙把烽火台加以连接,形成早期长城。

战国时期各国为了防范骑兵的入侵,纷纷在国境上修筑了长城。公元前 221 年,秦始皇消灭了六国统一中国,建立起中国历史上第一个统一的中央集权的封建王朝。秦始皇很清楚游弋在北方的草原民族是帝国存亡的最大边患。从公元前 214 年开始,他下令拆除原来诸侯国之间相互防范的长城,废弃内地长城,仅留下了北边的长城,把原来燕、赵、秦三国专门用来对付游牧民族的旧长城进行修缮、连接,并在北部边疆的其他地方增修新的长城。西起临洮、东至辽东的号称万里长城既有石垒的长城，也有夯土的长城，但长城的全貌，至今尚不完全清楚。

到了汉朝，随着汉武帝的东征西讨，汉朝国力日益强大，疆土从中原地区扩展到西域一带，凭借长城的保护，中原和西域乃至中亚、西亚的贸易往来日益紧密，沿着长城的轨迹形成了著名的丝绸之路。西汉武帝时期，在秦长城以西修筑了新的长城，即从河西走廊到敦煌的长城，敦煌的玉门关与阳关是两个关卡，关的附近常常向东西两方向延伸，为了夯实沙土，人们采取了在土中加以红柳枝和芦苇秆的独特建筑方法，正因为如此，即使经历了 2 000 余年的沧桑，依然顽强地保存了下来。

公元 7 世纪初，李唐王朝建立。唐朝不仅是东方，而且是当时世界上最为文明强盛的国家。强大国力的本身就是一道令人望而生畏、难以逾越的万里长城。因此唐朝无须修筑长城，这种自信来自一个泱泱大国强盛的国力和宽广的胸怀。

在中国历代长城中，明长城的工程最为坚固，军事防御功能也最为完善，从一开始长城的主要功能就是着眼于对骑兵的防御。今天万里长城成为一个文化的符号，与埃及金字塔、罗马斗兽场、比萨斜塔一同为被誉为世界奇迹。1987 年，长城被列入世界文化遗产名录。

从公元前七世纪的春秋时代开始，直至公元 17 世纪的明朝末年，长城的修筑持续了两千余年。我们今天看到位于崇山峻岭之上的长城，伟大智慧的劳动人民在当初规划的时候，都有哪些原则？都采用哪些技术手段呢？

第一，因地制宜。敦煌玉门关附近的西汉长城，现存墙体系用沙石和红柳筑成，这是由当地自然地理条件决定的。这里没有黄土和石材，只有流沙和沼泽中的红柳，汉人筑城时就地取材，以一层 20~30 厘米的沙石加上一层红柳的工艺筑墙，整个墙体的高度达 3 米多。而内蒙古锡尼乌苏山以西的一段，这里石头多而土少，长城均用石块垒砌而成。从锡尼乌苏向东，这里有土有石，所以这里的长城采用的是由中间夯土外面包石的墙体，这就是随机应变的思想。

第二，据险置塞。明长城的工程技术、形制和防御功能均达到了我国长城修筑史上的高峰。明长城墙体结构坚固，形制设置灵活多样。明长城重要关口的建制和防御设施非常周全，一般都建有方形或多边形的关城，附筑有瓮城，有的还有罗城与护城河，布防十分严谨。此外，在长城沿线还设立障、堡、敌台、瞭望墩台等设施，构成了由点到线，由线到面的防卫体系。金代长城大部分在今内蒙古的草原上，城墙外侧普遍挖有护城河状的堑壕，交通要冲之处还双壕双墙并列，形成外壕、副壕、内壕、主墙几重防线，墙外附筑有马面与烽燧，内侧分布有戍堡或关城。明长城把军事重镇、关城、隘口等有机地连接在一起，使其互为犄角，遥相呼应。长城的建造者还在城墙、城堡的外侧有意地设置一些障碍物，如僵落、虎落等。

第三，纵深防御。从在今河北、内蒙古等地的战国时期长城遗迹来看，这时的长城沿线已分布有烽燧、城障等设施，情报传递系统和纵深的防御配置就已建立。除了烽燧和亭障以外，在长城内外向纵深发展，形成网络。据文献记载，结合出土汉简和实地考察可知，烽燧数量多且一直延伸到长城以外很远的地方。屯戍城是屯驻重兵之所，面积一般较大，有数百米见方。作为京畿屏障的北京西北宣府镇长城，因处于蒙古族南下的要冲，地理位置十分重要，这里就筑有内外两道长城，在内长城上置有居庸关、紫荆关、倒马关组成的“内三关”。形成以“外长城”掩护“内长城”，“内长城”护卫“内三关”，“内三关”拱卫京师的纵深防御体系。

第四，材料升级。到了唐代以后，制砖技术有了发展，对城门及附近的城墙，开始采取用砖包砌，内填黄土的方法来修筑了。这样构筑的城墙比版筑夯土墙坚固多了。唐宋时期，砖还比较贵重，不能广泛使用；到了明代，不仅制砖业规模宏大，砖的产量大增，砖价低廉，而且砖的质量和制砖技术都有了很大提高，砖已普遍用于居民砌墙。又由于用砖砌墙，不仅能承受较大的垂直载荷，而且它的强度大大高于版筑土墙及坯垒土墙。因此，此时也多用青砖来砌筑城墙了。砖砌城墙，不但能有效阻止敌人步兵、骑兵的行动，抵抗冷兵器的袭击，而且也能抵抗当时火器的袭击。砌砖时使用了胶结材料，宋代以前是用黄泥浆，宋代以后，石灰砂浆才逐渐普遍使用。到了明代，在砌筑城墙时，广泛采用石灰砂浆和糯米汁一起搅拌后作为胶结材料，这样大大增加了胶结力。明长城不少地段的砌筑，均用糯米汁掺拌砂浆，直到今天，砖缝的砂浆胶结力仍很强。

2.4 拓展活动：故宫建筑模型拼装

2.4.1 活动主题

(1)了解劳动之美的内涵；

(2)了解中国古建筑的结构和美学价值；

(3)了解故宫古建筑八角楼的结构，体会劳动人民的智慧。

2.4.2 活动宗旨

现代的住房结构一般均包括门、窗、屋顶、梁架等，而中国的古建筑大都是以木架构为主要的结构形式，通过木料的穿插组合构建起房屋的框架。构架形式主要包括抬梁式和穿斗式，各种木质构件也非常之多，名称也依据位置和作用各有不同，一般包括门、窗、檩、椽、枋、梁、柱等。窗子具有采光透气功能，同时具有装饰作用。门是房屋室内与外界的出入口，又被称为"门面""门脸"，还有防卫的作用。檩架在梁头之间，放置在枋的上面，和枋平行，通常为圆柱体。其作用是固定椽子，分散屋顶压力。檩有檐檩、金檩和级檩等种类。椽是密集排列于檩上的并与檩垂直的木条，通常为长柱体。其作用是支撑屋顶。枋是连接两根柱子的横木，通常为长方体，其主要作用是稳定框架。枋有额枋、金枋和脊枋等种类。梁是连接前后(和山墙平行)柱子的横木，通常为圆柱体。梁和柱一起构成承重的关键部位。梁有抱头梁、五架梁、月梁等种类。柱是竖立放置，它是用来支撑屋顶的核心部件，通常是圆柱体。根据柱子的所处位置，可以分为檐柱、金柱、瓜柱等。

紫禁城角楼位于北京市东城区，是一座四面凸字形平面组合的多角建筑，屋顶有三层，上层是纵横搭交的歇山顶，由两坡流水的悬山顶与四面坡的庑殿组合而成，因这种屋顶上有九条主要屋脊，所以称作九脊殿。中层采用勾连搭的做法，用四面抱厦的歇山顶环拱中心的屋顶，犹如众星拱月。下层檐为一环半坡顶的腰檐，使上两层的5个屋顶形成一个复合式的整体，集精巧的建筑结构和精湛的建筑艺术于一身。由于角楼的各部分比例协调，檐角秀丽，造型玲珑别致，使人惊奇、赞叹与敬仰，成为紫禁城的标志。角楼周围环绕着10多米高的城墙和50多米宽的护城河。城墙的四角上，各有一个玲珑奇巧的角楼。这些玲珑多姿、绚丽多彩的角楼，为明代建筑，至今已有560多年的历史。角楼的平面布局为两个"十"字相叠的曲尺形，四周环绕白玉石柱杆基座，重檐为面体型多角交错，上层檐由四角攒尖顶和歇山顶组成，四面亮山，正脊纵横十字交叉，中安铜鎏宝顶，角楼设计比例协调，处理得非常巧妙，大小结构复杂精密，别出心裁。

2.4.3 活动时间

建议2周。

2.4.4 参加人员

全体学生。

2.4.5 活动方案

(1)查阅文献，了解紫禁城角楼的建造历史、结构特点和艺术价值。

(2)熟悉故宫文创古风宫廷建筑太和殿拼装模型。

(3)整理各个建筑结构部件并进行分类，熟悉各结构部件的名称、功能。

(4)按照故宫教学模型，逐步完成故宫角楼的搭建。

(5)总结故宫角楼的建筑特点和中国古建筑中蕴含的劳动人民的智慧。

(6)讨论中国古建筑中的文化含义。

(7)运用工程实践创新思路，以小组为单位重新设计组合搭建新的古建筑。

(8)小组间对比讨论，评价各自的作品。

(9)总结思考：

①中国古建筑的结构特点，并举例说明；

②中国古建筑的文化符号内涵与艺术价值；

③劳动在审美和建筑中的价值与意义。

【拓展阅读】

全球最长跨海大桥——港珠澳大桥

港珠澳大桥是中华人民共和国境内一座连接香港、广东珠海和澳门的桥隧工程，位于中国广东省珠江口伶仃洋海域内，为珠江三角洲地区环线高速公路南环段(图1-4)。港珠澳大桥东起香港国际机场附近的香港口岸人工岛，向西横跨南海伶仃洋水域接珠海和澳门人工岛，止于珠海洪湾立交；桥隧全长55千米，其中主桥29.6千米、香港口岸至珠澳口岸41.6千米；桥面为双向六车道高速公路，设计速度100千米/小时；工程项目总投资额1 269亿元。

港珠澳大桥的前身是原规划中的伶仃洋大桥。整个大桥总体设计理念包括战略性、创新性、功能性、安全性、环保性、文化性和景观性几个方面。港珠澳大桥主桥为三座大跨度钢结构斜拉桥，每座主桥均有独特的艺术构思。其中青州航道桥塔顶结型撑吸收“中国结”文化元素，将最初的直角、直线造型“曲线化”，使桥塔显得纤巧灵动、精致优雅。江海直达船航道桥主塔塔冠造型设计采用了“白海豚”元素，与海豚保护区的海洋文化相结合。九洲航道桥主塔造型取自“风帆”，寓意“扬帆起航”，与江海直达船航道塔身形成序列化造型效果，桥塔整体造型优美、亲和力强，具有强烈的地标韵味。东西人工岛汲取“蚝贝”元素，寓意珠海横琴岛盛产蚝贝。香港口岸的整体设计富于创新，不仅美观，而且符合能源效益。旅检大楼采用波浪形的顶篷设计，为支撑顶篷，大楼的支柱呈树状，下方为圆锥形，上方为枝杈状展开。最靠近珠海市的收费站设计成弧形，前面是一个钢柱，后面有几根钢索拉住，就像一个巨大的锚。大桥水上和水下部分的高差近100米，既有横向曲线又有纵向高低，整体如一条丝带一样纤细轻盈，把多个节点串起来，寓意“珠联璧合”。前山河特大桥采用波形钢腹板预应力组合箱梁方案，采用符合绿色生态特质的天蓝色涂装方案，造型轻巧美观，与当地自然生态景观浑然天成；桥体矫健轻盈，似长虹卧波，天蓝色波形腹板与前山河水道交相辉映，如同水天一色，在风起云涌之间形成一道绚丽的风景线。

图 1-4　港珠澳大桥

（图片来源：百度百科）

港珠澳大桥的建设成就了中国在跨海桥梁领域的世界之最，并对粤港澳地区的交通和经济发展产生了深远的影响。它展示了中国在基础设施建设上的雄心壮志和创新能力，同时也为世界其他国家提供了宝贵的经验。港珠澳大桥的成功建设是中国发展进步的重要里程碑，也为未来的发展开启了新的篇章。

模块3　劳动创造精神文明

3.1　绘画作品中的劳动之美

劳动是创造财富、推动发展的主要方式，勤于劳动是中华民族的传统美德。新中国成立70年来，众多艺术家以绘画的形式热情颂扬劳动的价值和劳动者的精神。通过欣赏著名画家吴作人以劳动为主题的艺术作品《特等劳动英雄李永像》，以此向广大劳动者致以崇高的敬意。

1950年，中央人民政府在北京召开了表彰全国战斗英雄代表大会以及全国工农兵劳动模范代表大会，在全国掀起了向劳模学习的热潮。同年，中央美术学院发起了为劳模画速写的运动，吴作人的油画《特等劳动英雄李永像》在此背景下诞生，并受到时任刚成立的中央美术学院院长徐悲鸿等业内专家的高度赞赏（图 1-5）。

图 1-5　吴作人布面油彩《特等劳动英雄李永像》

（图片来源：中央美术学院美术馆官方网站）

《特等劳动英雄李永像》油画定稿创作呈现的是一台正向左侧前进的“毛泽东号”机车，车上有一位驾驶员，在驾驶员的后半部列车厢内似为一铲煤工。画面中的三个基本信息最容易被注意到，即：毛泽东号、ㄇㄎ -304 号（“Mikado”）、驾驶员形象。其实“毛泽东号”机车在新中国铁路史与解放战争史中都占有重要位置，它是 1941 年大连生产的型号为ㄇㄎ -304（“Mikado”）号的第一代蒸汽机车。1946 年，哈尔滨机务段工人们将该车修复。当年 10 月 30 日，这台机车被命名为“毛泽东号”机车。解放战争中，“毛泽东号”机车承担着运送部队和战争物资任务，为战时军需运输发挥了巨大作用。李永从 1947 年就开始担任该车的第二任司机长，并执行完成了很多艰巨的任务。1950 年，李永被中华全国总工会推选为全国劳动英雄。9 月 22 日，参加全国工农兵劳动模范代表会议的代表会集到丰台车站。受中央政府选派，李永亲自驾驶“毛泽东号”机车，载着这些来自各地的英模驶向北京。

吴作人在画面中巧妙地将英雄人物、领袖标语、共和国功勋事件巧妙地结合在一起，成功地创作了一种新的“模范图式”。这张绘画在绘制完成之后，就留存在中央美术学院陈列馆作为教学典范被重复观摩与参照，成为后世学习的著名案例。《特等劳动工人李永像》是徐悲鸿在绘画领域唯一点名表扬的“英模类”作品。这是因为吴作人对于“英模”的表现不同于其他人，这并不是说别人的写实能力不及吴作人，而是因为他更注重将“英模”还原到特定的工作场景中。吴作人的这种尝试构建了一种英模绘画的新范式，而吴作人对于主题内容的敏锐把握，也成为表现铁路题材的先锋，引领了接下来的一批有关铁路题材的宣传画创作，成为大建设时期的激情与张力的最好诠释。

在科学技术飞速发展、知识信息快速增长的新时代，各行各业的劳动者只有掌握了现代科学文化知识和新技术、新工艺，才能为社会创造出更多的财富。由此，大量描绘新型劳动者的作品闪耀出全新的光彩。魏占峰的《航天人》、庄园的《工作中的一次谈话》、王兆伟的《中国梦——坚守科技前沿》、白晓刚的《取土样的研究员》等作品，或是直接描绘劳动者在各自的工作岗位上，用知识与创新能力为祖国建设添砖加瓦；或是细腻刻画劳动者的形象，讴歌其爱岗敬业、无私奉献的精神品质。观众不仅能在这些作品中欣赏艺术之美，更能感受到时代的飞速发展，以及人们日常生活的点滴变化。

当前，我们正处在全面建成小康社会决胜期，每一位建设者都要“撸起袖子加油干”，用智慧和劳动来实现新作为，展现新气象，创造新辉煌。劳动带来收获和幸福，“幸福是奋斗出来的”，劳动者的光芒也将永远璀璨。劳动是神奇的，劳动是伟大的。劳动者用勤劳的双手和智慧，编织了这个五彩斑斓的世界，创造了人类的文明。

3.2 音乐作品中的劳动之美

有人曾说，诗和音乐最打动人的是它的凝固的情感和还原的画面。《在希望的田野上》是由彭丽媛演唱，于 2001 年 1 月发行的。1980 年，陈晓光作为《歌曲》月刊编辑，在四川温江农村深入生活，亲身感受到了农民发自心底的喜悦和农村的巨变，心情非常激动。他回忆说：“当年我就住在温江，还记得那时田野中点缀着一个个竹林盘，林盘中有不少农户盖起了新房，傍晚时分炊烟袅袅，那景象真美。”于是他写下了“炊烟在新建的住房上飘荡，小河在美丽的村庄旁流淌，一片冬麦，那个一片高粱，十里哟荷塘，十里果香”这首《在希望的田野上》的歌词。作曲家施光南拿到歌词后也非常激动，同样只用了一天就顺利完成了谱曲。充满乡土气息的歌词朴实真挚、曲调优美流畅，作者通过对家乡充满希望的田野的赞美，抒发了对美好生活的向往，歌颂了新生活，歌颂了新时代。歌词把希望和未来巧妙地结合起来，既歌颂了改革开放以后的新变化、新面貌，又憧憬着富裕、兴旺而幸福的未来。

《咱们工人有力量》是由马可作词、作曲，佳木斯发电厂工人演唱的歌曲。该曲创作于 1947 年，马可在中国东北解放区的一个文工团里工作。休息的时候，一位老工人询问他有没有关于“工人翻身”的歌曲，他便在《工人四季歌》的基础上创作出了歌曲《咱们工人有力量》。《咱们工人有力量》是中国工人阶级的精神写照。简洁的填词、铿锵的曲调无不浸润着浓厚的黑土文化，用东北地区民间秧歌调与号子的节奏作为艺术表现形式，以坚实有力、豪迈热烈的旋律，表现工人们为支援全中国解放而紧张劳动的战斗生活，塑造了获得解放的中国工人阶级顶天立地的英雄形象。全曲的最后一个乐句“咱们的脸上发红光，咱们的汗水往下淌，为什么，为了求解放”，把后段的劳动呼号和前段豪迈的曲调综合在一起，具有很强的概括力，让人斗志昂扬、信心倍增。

2020 年五一劳动节来临之际，为大力弘扬劳模精神、劳动精神、工匠精神，讴歌劳动最光荣、劳动最崇高、劳动最伟大、劳动最美丽，激励广大职工群众“当好主人翁，建功新时代”，重庆市渝北区总工会和重庆市流行音乐协会联合出品了歌曲《劳动最美》。《劳动最美》由重庆市总工会一级巡视员陈刚作词，重庆流行音乐协会主席、重庆师范大学音乐学院教授周亚辉作曲，青年歌唱家李思音和周亚辉演唱。“银锄欢舞，山路歌飞，脱贫致富奔小康，乡村振兴滚春雷……”歌词从农民银锄欢舞参与脱贫致富、乡村振兴，工人挽起双臂投身中国制造、立起中国精神，知识分子上下求索、奋起直追、科教兴国三个维度讴歌劳动最伟大、劳动最光辉。歌曲充满正能量，朴实坚定，稳重大气，曲式结构缜密合理，运用了传统与现代音乐主题，层层递进，跌宕起伏，以音传情，声情并茂，副歌反复后接结束句，展示劳动的神圣，将音乐推向高潮结束。配器上运用传统与现代的结合。歌手演唱声情并茂，用美通唱法的演唱方式，使作品更具思想性、艺术性、时代性。

3.3 文学作品中的劳动之美

人类的历史就是劳动的历史，人类通过伟大的劳动，不仅创造了自己的历史，也创造了文明世界，并且推动这个世界向前发展，而在这个劳动创造过程中，人类也形成了自己的劳动文化、劳动精神和劳动智慧，这一切应该说就是劳动之美。

苏联著名文学家高尔基有这样的名言：“我知道什么是劳动：劳动是世界上一切欢乐和一切美好事情的源泉。”“只有人的劳动才是神圣的。当劳动是种快乐时，生活是美的；当劳动是一种责任时，生活就是奴役。”劳动是美好的事情，世界上美好的东西都是由劳动创造的。这就是劳动美的本质。而文学，是随着人们在劳动过程中寻找美而诞生的，文学为劳动而歌，这是文学创作的重要源头。从上古“断竹，续竹，飞土，逐宍”，到诗经“饥者歌其食，劳者歌其事”，中国文学直接描写劳动场面、表现劳动技能的作品不计其数。“炉火照天地，红星乱紫烟。赧郎明月夜，歌曲动寒川。”“诗仙”李白的《秋浦歌》从正面描写了冶炼者边劳动边唱歌的生动情形，区区 20 个字，让我们感受到了冶炼者的辛苦以及诗人在字里行间对冶炼者的赞美之情。文学是在劳动过程中寻找美而诞生的，是为劳动而歌，这是文学创作的重要源头。

扫一扫：诗经里的劳动

《诗经》是我国最早的一部诗歌总集，里面就有大量描绘劳动生产的农事诗。著名的《伐檀》一开头就讲“坎坎伐檀兮，置之河之干兮”，是一首描写伐木工人劳作的民歌。《芣苢》诗曰：“采采芣苢，薄言采之。采采芣苢，薄言有之。采采芣苢，薄言掇之。”这是农妇采摘车前子草的乐歌，既生动又欢快，热情歌颂了劳动人民热爱劳动的高贵品质。诗经《豳风·七月》中写道：“七月流火，九月授衣。春日载阳，有鸣仓庚。女执懿筐，遵彼微行，爰求柔桑。春日迟迟，采蘩祁祁。女心伤悲，殆及公子同归……”全诗按照季节的先后，从年初写到年终，从种田养蚕写到打猎凿冰，反映了一年四季多层次的工作场景和高强度的劳动，语言朴实无华，语调凄切清苦，仿佛是在哭吟着一部沉重的劳动历史。

陶渊明不为五斗米折腰，甘愿归田务农，他把农活写进诗里，充满诗情画意。譬如他的《归田园居》：“种豆南山下，草盛豆苗稀。晨兴理荒秽，带月荷锄归。道狭草木长，夕露沾我衣。衣沾不足惜，但使愿无违。”全诗平淡自然，清新质朴，言简意长，真挚感人，抒写了对田园生活的热爱以及享受田园劳作之乐的惬意、闲适。他在《庚戌岁九月中于西田获早稻》一诗中写道：“人生归有道，衣食固其端，孰是都不营，而以求自安。”告诫了人们要自食其力，勤奋劳动，如果什么事都不做,又怎么能解决自己的温饱问题呢?

此外,丰子恺笔下描写“劳动的艺术化”,孙犁笔下“劳动的诗意化”,赵树理笔下描写“劳动的山药蛋化”,路遥笔下描“劳动的平凡化”等都是我们熟知的文学家写“劳动之美”的绝妙篇章。

文学作品对于这些劳动技能和劳动场景细腻传神的描写,不仅赋予了劳动和劳动者以诗意的美感,也为读者认识和理解劳动背后的社会历史提供了一个文化视角。劳动是美好的事情,世界上美好的东西都是由劳动创造的。这就是劳动美的本质。“富贵本无根,尽从勤里得。”劳动最光荣,劳动最崇高,劳动最伟大,劳动最美丽。热爱劳动、尊重劳动永远是中华民族的传统美德。

3.4 拓展活动:诗经劳动场面绘画创作赏析

《豳风·七月》是《诗经·国风》中最长的一首诗。此诗反映了周部落一年四季的劳动生活,涉及衣食住行各个方面。因为它的作者是部落成员,所以口吻酷肖,角度极准,从各个侧面展示了当时社会的风俗画,凡春耕、秋收、冬藏、采桑、染绩、缝衣、狩猎、建房、酿酒、劳役、宴飨,无所不写。

诗从七月写起,按农事活动的顺序,以平铺直叙的手法,逐月展开各个画面。诗中使用的是周历。周历以夏历(今之农历,一称阴历)的十一月为正月,七月、八月、九月、十月以及四月、五月、六月,皆与夏历相同。“一之日”“二之日”“三之日”“四之日”,即夏历的十一月、十二月、一月、二月。皮锡瑞《经学通论》云:“此诗言月者皆夏正,言一、二、三、四之日皆周正,改其名不改其实。”戴震《毛郑诗考正》亦指出:周时虽改为周正(以农历十一月为正月岁首),但民间农事仍沿用夏历。

首章以鸟瞰式的手法,概括了劳动者全年的生活,一下子把读者带进那个凄苦艰辛的岁月。同时它也为以后各章奠定了基调,提示了总纲。朱熹《诗集传》云:“此章前段言衣之始,后段言食之始。二章至五章,终前段之意。六章至八章,终后段之意。”在结构上如此安排,确是相当严谨。所谓“衣之始”“食之始”,实际上指农业社会中耕与织两大主要事项。这两项是贯穿全篇的主线。首章是说九月里妇女“桑麻之事已毕,始可为衣”。十一月以后便进入朔风凛冽的冬天,农夫们连粗布衣衫也没有一件,怎么能度过年关,故而发出“何以卒岁”的哀叹。可是春天一到,他们又整理农具到田里耕作。老婆孩子则到田头送饭,田官见他们劳动很卖力,不由得面露喜色。民间诗人以粗线条勾勒了一个框架,当时社会生活的整体风貌已呈现在读者面前。以后各章便从各个侧面、各个局部进行较为细致的刻画。

诗的二、三章情调逐渐昂扬,色调逐渐鲜明。明媚的春光照着田野,莺声呖呖。背着筐儿的妇女,结伴儿沿着田间小路去采桑。她们的劳动似乎很愉快,但心中不免怀有隐忧:“女心伤悲,殆及公子同归。”首章“田畯至喜”,只是以轻轻的一笔点到了当时社会的阶级关系,这里便慢慢地加以展开。“公子”,论者多谓豳公之子。豳公占有大批土地和农奴,他的儿子们对农家美貌女子也享有与其“同归”的特权。这里似乎让读者看到汉乐府《秋胡行》和《陌上桑》的影子,虽然那是千年以前的事,但生活中的规律往往也会出现某些相似的地方。姑娘们的美貌使她们担心人身的不自由；姑娘们的灵巧和智慧，也使她们担心劳动果实为他人所占有："八月载绩，载玄载黄，我朱孔阳，为公子裳。"她们织出五颜六色的丝绸，都成了公子身上的衣裳，正如宋人张俞的《蚕妇》诗所说："遍身罗绮者，不是养蚕人。"

四、五两章虽从"衣之始"一条线发展而来，但亦有发展变化。"秀葽""鸣蜩"，带有起兴之意，下文重点写狩猎。他们打下的狐狸，要"为公子裘"；他们打下的大猪，要贡献给豳公，自己只能留下小的吃。这里再一次描写了当时的阶级关系。五章着重写昆虫以反映季节的变化，由蟋蟀依人写到寒之将至，笔墨工细，绘影绘声，饶有诗意。《诗集传》云："斯螽、莎鸡、蟋蟀，一物随时变化而异其名。动股，始跃而以股鸣也。振羽，能飞而以翅鸣也。"咏物之作，如此细腻，令人惊叹。"穹窒熏鼠"以下四句，写农家打扫室内，准备过冬，在结构上"亦以终首章前段御寒之意"。

六、七、八章，承"食之始"一条线而来，好像一组连续的电影镜头，表现了农家朴素而安详的生活：六、七月里他们"食郁（郁李）及薁""亨（烹）葵（葵菜）及菽（豆子）"。七、八月里，他们打枣子，割葫芦。十月里收下稻谷，酿制春酒，给老人祝寿。可是粮食刚刚进仓，又得给老爷们营造公房，与上面所写的自己的居室的破烂简陋恰好进行了鲜明的对比。"筑场圃""纳禾稼"，写一年农事的最后完成。正如《诗集传》引吕氏所云："此章（第七章）终始农事，以极忧勤艰难之意。"

到了最后一章，也就是第八章，诗人用较愉快的笔调描写了这个村落宴饮称觞的盛况。一般论者以为农夫既这么辛苦，上头又有田官监督、公子剥削，到了年终，不可能有条件有资格"跻彼公堂，称彼兕觥"。其实社会是复杂的，即使在封建社会的中期，农民年终时也相互邀饮，如宋代秦观《田居四首》所写："田家重农隙，翁妪相邀迓。班坐酾酒醪，一行三四谢。"陆游《游山西村》诗也说："莫笑田家腊酒浑，丰年留客足鸡豚。"《豳风·七月》所写上古社会的西周村落生活，农闲之时，举酒庆贺，也是情理中事。

中国古代诗歌一向以抒情诗为主，叙事诗较少。这首诗却以叙事为主，在叙事中写景抒情，形象鲜明，诗意浓郁。通过诗中人物娓娓动听的叙述，又真实地展示了当时的劳动场面、生活图景和各种人物的面貌，以及农夫与公家的相互关系，构成了西周早期社会一幅男耕女织的风俗画。《诗经》的表现手法有赋、比、兴三种，这首诗正是采用赋体，"敷陈其事"，"随物赋形"，反映了真实的生活。读者仔细吟诵其中任何一章，都会有这样的感觉。这首诗还体现了风雅颂相结合的特点。全诗随着叙事的需要用风用雅或用颂。三者结合起来运用，就形成了此诗朴实清新的风格、文雅华美的特点和庄重颂祷的特征。

请同学们结合自己在生活中所见所闻，列举出你所了解的农事劳动。

序号	农事劳动名称	目的	意义
1			
2			
3			
4			

【拓展阅读】

《耕织图》

《耕织图》是南宋绍兴年间画家楼璹所作,作品得到了历代帝王的推崇和嘉许。天子三推,皇后亲蚕,男耕女织,这是中国古代很美丽的小农经济图景。南宋时的楼璹在任於潜令时,绘制了《耕织图诗》45幅,包括耕图21幅、织图24幅,并每幅制诗一章。清朝康熙南巡,见到《耕织图诗》后,感慨于织女之寒、农夫之苦,传命内廷供奉焦秉贞在楼绘基础上,重新绘制,计有耕图和织图各23幅。

南宋绍兴年间於潜令楼璹将绘制的《耕织图》呈献给宋高宗,深得高宗赞赏并获得吴皇后题词。皇上还专门召见他,并将其《耕织图》宣示后宫,一时朝野传诵,从而引发了"耕织图"发展的第一次高潮。社会上接连不断地出现了许多《耕织图》,形成了中国绘画史、科技史、农业史、艺术史中一个独特的现象,成就了中国文化遗产的一大瑰宝。《耕织图》历经近千年流传到世界各地。

《耕织图》又是一卷诗画相配的文学艺术作品。有人将楼璹的诗与南宋诗人范成大的作品相比较,认为其充满田园气息;也有人评价他的作品内容更像是以农业为主题的农学著作;还有人将《耕织图》与《天工开物》《农政全书》相媲美,说《耕织图》是一部有韵的农书。《耕织图》中的描绘细致入微又富有艺术感染力,有赖于楼璹对农业生产的长期观察体验和高超的艺术造诣。他在任县令时,跑遍於潜县治十二乡之周边的南门畈、横山畈、方元畈、祈祥畈、对石畈、竹亭畈、敖干畈等大畈,深入田头地角,出入农家,与当地有经验技术的农夫蚕妇研讨种田、植桑、织帛等经验技术得失。尤其难得的是,他在画面上留下的从事农业生产的图像,为研究农业特别是农具留下了无法从文字资料中得到的珍贵资料。例如《灌溉》《一耘》图,绘出了当时使用戽斗、桔槔和龙骨车抽水灌田的情景。从《收割》图中看到的是一个紧张的割稻场面。《织》和《攀花》等图绘出了当时已经使用的素织机和花织机,使人们能够更形象地了解当时蚕桑及纺织的发展面貌。其中记载的许多耕织知识和生产工具一直沿用至今。

主题实践活动一:古诗陶渊明《归田园居·其三》劳动场面绘画创作

1. 活动主题

(1)了解古诗中描绘的魏晋时期的劳动场景;

(2)了解古代农事劳动过程与内容;

(3)掌握种豆除草等农事农耕的基本常识。

2. 活动宗旨

东晋安帝义熙元年即公元405年,陶渊明在江西彭泽做县令仅仅八十多天,便声称不愿"为五斗米折腰向乡里小儿",挂印回家,从此结束了时隐时仕、身不由己的生活,终老田园。归来后,他作《归园田居》诗一组,共五首。本诗就是其中的第三首,反映了作者当时归隐田园种豆除草等劳动场景。文人在劳动的时候,能触景生情。本次主题实践活动借整地、播种、施肥、除草等环节,理解劳动人民的辛苦,从而激发我们对自然的热爱。

3. 活动时间

建议2周。

4. 参加人员

全体学生。

5. 活动内容

（1）查阅文献，了解陶渊明《归田园居·其三》的创作背景。

（2）熟悉陶渊明《归田园居·其三》的原文。

（3）整理陶渊明《归田园居·其三》的原文解析。

（4）按照诗里描述的农事，选择其中一个场景，发挥想象力创作画面。

（5）各小组合作，按照时间顺序把各个农事场面进行逻辑排列。

（6）讨论中国古代劳动的内容与特点。

（7）运用实践创新思路，讨论当今农事劳动与古代农耕农事的异同。

（8）小组间对比讨论，评价各自的作品优点。

（9）总结思考：

①中国古代农耕农事劳动的特点，并举例说明；

②古诗中劳动的内涵与艺术价值；

③举例古诗词中其他的农事诗。

【参考文献】

[1] 王重，王璐. “劳动创造了人本身”逻辑建构、理论内涵及其卓越贡献 [J]. 延边党校学报，2022，38（5）：28-31.

[2] 谢皓明. 马克思主义劳动观及其当代价值研究 [D]. 西安：西安石油大学，2021.

[3] 李雨辰. 新时代马克思劳动观的人学意蕴 [J]. 晋中学院学报，2021，38（1）：26-30.

[4] 李晗琦. 新中国劳动关系演变的历史逻辑与现实启示 [J]. 吉首大学学报（社会科学版），2021，42（5）：105-112.

[5] 庄福龄. 简明马克思主义史 [M]. 北京：人民出版社，2004.

专题二 劳动成就人生

【开篇语】

劳动模范是民族的精英、人民的楷模，大国工匠是职工队伍中的高技能人才，体现在他们身上的劳模精神、劳动精神、工匠精神，是伟大民族精神的重要内容。习近平总书记在党的二十大报告中提出“在全社会弘扬劳动精神、奋斗精神、奉献精神、创造精神、勤俭节约精神”。劳模精神、劳动精神、工匠精神是以爱国主义为核心的民族精神和以改革创新为核心的时代精神的生动体现，是鼓舞全党全国各族人民风雨无阻、勇敢前进的强大精神动力，全社会要大力弘扬劳模精神、劳动精神、工匠精神。

【学习目的要求】

通过本专题学习，要求学生理解、领悟劳模精神、劳动精神、工匠精神三种精神的丰富内涵，了解三种精神之间的关系，并将它们融入学生日常生活和学习中，成为干事创业的内生动力。

模块1 劳动精神

劳动是人的类本质，是人类社会生存和发展的基础。劳动精神指的是广大劳动人民在劳动过程中秉持的劳动观念、价值理念以及展现出来的劳动态度、精神风貌。劳动精神是民族精神和时代精神的生动体现，是国家繁荣、民族强盛、人民幸福的强大精神动力，具有深厚的历史积淀和丰富的思想内涵。

1.1 劳动精神的时代内涵

劳动精神建立在马克思劳动观的理论基石上，汲取中华优秀传统文化中的劳动理念，形成于中国人民伟大社会历史实践之中，丰富和发展于中国特色社会主义新时代。新时代劳动精神内涵丰富，其内涵包括爱岗敬业、勤奋务实、诚实守信、遵纪守法、创新创造等。劳动精神以爱岗敬业、勤奋务实为其固有本色，诚实守信、艰苦奋斗为其鲜明特色，敢于挑战、勇于创新为时代亮色，劳模精神和工匠精神是劳动精神在新时代的具体化、典型化和升华。

在我国当今社会，中国特色社会主义已经进入了新时代，建成社会主义现代化强国和实现中华民族伟大复兴的“中国梦”是新时代的主旋律，这就要求新时代的劳动精神应是社会主义核心价值观在劳动者身上的具体体现。

1.1.1 新时代劳动精神是以劳动为根本活动的理论表达

劳动是“人类的本质活动，劳动光荣、创造伟大是对人类文明进步规律的重要诠释”。马克思从人的本质出发，将劳动比喻成整个社会为之旋转的太阳，认为迄今全部人的活动都是劳动，以此说明劳动是人类生存的本质，人类的发展过程就是劳动的发展史。一方面，自然界经过长期的运动变化，既孕育了生命，又为人类社会提供了生存和发展的永久和必要的生活资料与生产资料；另一方面，人类通过劳动不断改造自然界，为人类的生产发展创造更好的条件。社会的发展依赖于人类与自然界始终不停地进行着的物质、能量的交换和转化。所以，以劳动为基础的精神信仰深刻地镌刻在人类历史的发展过程中。新时代劳动观继承并发展了马克思主义劳动观，是习近平新时代中国特色社会主义思想的重要组成部分。一是从哲学视角来讲，人类与社会的创造都离不开劳动，劳动是推动人类社会进步的根本力量。二是从经济学视角来讲，一切劳动都是财富和幸福的源泉。三是从伦理学视角来讲，劳动是人类共同创造幸福生活和美好未来的精神信仰，劳动没有高低贵贱之分，全社会都要以辛勤劳动为荣、以好逸恶劳为耻。崇尚劳动、尊重劳动、重视劳动是实现社会主义现代化国家的道德文化彰显。四是从美学的视角来讲，劳动最美丽，劳动是个人的自我实现，人类因劳动而幸福、因劳动而美丽。劳动幸福成为个体获得人的类本质的最高幸福形态，劳动模范成为劳动群众对劳动美学最生动的多彩展现。

1.1.2 新时代劳动精神是以劳动为生存方式的生活诠释

新时代劳动精神是全社会尊重劳动、崇尚劳动、热爱劳动的集中体现。尊重劳动反映对劳动及劳动者主体地位的认知。只有把劳动作为创造财富和获得幸福的源泉，认识到劳动是人的本质活动和类本质体现，才能尊重一切劳动、正视一切劳动具有的益于人民、造福社会的价值。崇尚劳动是指对劳动的态度，是社会个体由内而外地对劳动产生的崇敬与赞美，是对劳动最光荣、劳动最崇高、劳动最伟大、劳动最美丽的经验体认。热爱劳动反映劳动者对劳动的情感。热爱劳动体现了劳动者递进式的心理变化：一是劳动者积极投身于劳动的意愿；二是在劳动过程中发现劳动的乐趣、得到劳动的锻炼、保持劳动的热忱；三是在劳动中珍惜劳动的成果，从而实现劳动过程与个体价值的内在统一。尊重劳动、崇尚劳动、热爱劳动是对劳动的理性认知、感性把握和情感升华，体现为由社会认识到个人品行对劳动由表及里、逐步内化的追求过程。

新时代劳动精神是辛勤劳动、诚实劳动、创造性劳动的集中体现。其一，辛勤劳动反映勤奋敬业、埋头苦干的精神，这也是中华优秀传统文化的现实体现，这是劳动者应有的基本要求。尤其以“爱岗敬业、争创一流，艰苦奋斗、勇于创新，淡泊名利、甘于奉献”为核心的劳模精神，将会持久地激励着一代代人用辛勤劳动创造人民的美好生活、创造中华民族的美好未来。辛勤劳动是诚实劳动、创造性劳动的基础和保障，只有辛勤劳动才能在最大程度上实现劳动者的价值。其二，诚实劳动是指在劳动过程中脚踏实地、恪尽职守，遵守法律法规和政策，秉持实事求是的态度去认识和对待劳动成果，不窃取他人的劳动成果。诚实劳动是发扬新时代劳动精神的迫切要求，也是发扬新时代劳动精神的底线内涵，是辛勤劳动的升华，也是创造性劳动的前提。其三，创造性劳动是指开创性的劳动，如人类历史上进行的各种原创性发明与创新。在具体的社会生活中，弘扬创造性劳动精神就是指弘扬敢闯敢试、开拓创新、鼓励首创的精神。这种以敢试敢闯、敢为人先为表征的精神毅力是新时代劳动精神中最具有时代意义和新时代特色的精神内涵，体现了体力劳动和脑力劳动、简单劳动和复杂劳动的结合，是人的创造力体现，是辛勤劳动、诚实劳动的发展。

1.1.3 新时代劳动精神是以劳动为价值追求的文化自信

新时代劳动精神是我国全面建成小康社会，实现“两个一百年”奋斗目标的社会文化价值导向。社会文化价值是社会大多数人长期信奉和践行的价值观，是一种具有稳定续存特性、需要发扬光大的影响整个社会的氛围和精神状态。

新时代劳动精神有力证明了社会主义文化价值的合理性和正义性。“撸起袖子加油干”的“因劳获义”精神是新时代中国特色社会主义为人们实现美好生活提供的最根本的价值依据和价值导向，是新时代人们追求美好生活与获得劳动幸福的价值统一。劳动作为人的本质精神而具有价值，作为人的最基本权利而被赋予价值，作为获得幸福的生命体验而体现价值。

新时代劳动精神积极弘扬社会主义核心价值观。劳动精神是对广大劳动者实践的高度总结和具体概括，是新时代的精神需求。劳动精神与劳模精神、工匠精神相互包容、相互依存，弘扬劳动精神是践行社会主义核心价值观的应有之义。以“爱岗敬业、争创一流，艰苦奋斗、勇于创新，淡泊名利、甘于奉献”为核心的劳模精神是劳动精神的生动再现。工匠精神体现劳动者钻研技能、精益求精、敬业担当的职业精神，是对劳动精神的进一步升华。劳动精神与劳模精神一脉相承又相互包容。弘扬劳动精神对于发挥工人阶级先进性、彰显工人阶级伟大品格、推动工人阶级成长进步、塑造“尊重劳动、热爱劳动、崇尚劳动”的社会文化风气具有重要的理论价值和实践意义，能够激发劳动者的劳动热情，鼓励劳动者积极投身新时代中国特色社会主义建设的伟大事业，使劳动成为实现中华民族伟大复兴中国梦的精神保障。

1.2 践行劳动精神，做新时代的光荣劳动者

1.2.1 以爱岗敬业的态度，做新时代恪尽职守的劳动者

扫一扫：聆听劳动者的奋斗故事

爱岗敬业是劳动精神的基本要求。爱岗就是热爱自己的工作岗位，敬业就是用认真负责的态度完成本职工作。只有爱岗才能真正敬业，只有敬业才能体现爱岗。每个劳动者要爱惜工作岗位，履行工作职责，爱一行、钻一行、专一行，才能成为行家里手，并为国家与社会作出更大的贡献。

爱岗敬业是一种精神，爱岗敬业也是一种责任，爱岗敬业更是一种境界。爱岗敬业的内涵丰富、要求具体、重在实践、重在养成。它是一种做人的准则、一种生活的态度、一种岗位的责任、一种无私奉献的精神。

【案例 2-1】

“金牌工人”胡耀华

胡耀华（图 2-1）是镇海港埠分公司流动机械修理班班长，20 多年来，他扎根港口，勤奋好学，勇于挑战。他的技术创新累计为企业节约成本 600 余万元，并带出“劳模班组”，培养了一大批技术能手，取得一批创新成果。

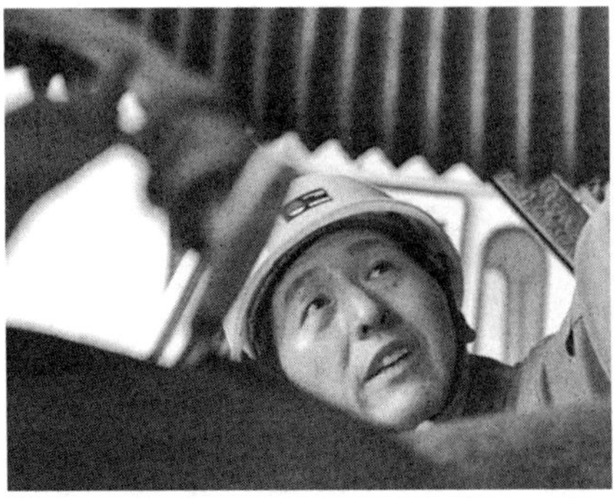

图 2-1 宁波港机械维修工胡耀华(施超 摄)

2001 年,公司新购进一批牵引车,没用多久,发动机内价值 2 万元的进口摩擦片出现易磨损的故障。胡耀华既头痛又心痛,他在草图上反复思考解决办法。3 个月后,第一辆加装冷却器的牵引车投入使用并获得专利。10 多年来,在他的创新下,公司许多进口设备的配件和国产零配件实现了互换,而价格仅为进口配件的 15% 至 30%,仅此一项每年可节约维修成本近 20 万元。

2011 年,公司成立了以胡耀华名字命名的创新工作室。作为负责人,胡耀华建立"每季度一课题"研讨实践制度,并与工作室成员签订《工作协议书》,激励创新精神。目前拥有高级工以上职业资格证书的工作室成员达到 87.5%。2012 年 7 月,"胡耀华工作室"被命名为宁波首家"国家级技能大师工作室"。

胡耀华在平凡的岗位上作出了不平凡的事业,传承了爱岗敬业、无私奉献的劳模传统。我们要像他那样,把自己的工作岗位当作创造人生价值的最佳平台,用生命去倾情书写爱岗敬业的辉煌,享受干一行、爱一行的劳动乐趣。

1.2.2 勤奋务实,做新时代踏实肯干的劳动者

勤奋务实是劳动精神的现实要求,是能否真正具备劳动精神的试金石。勤奋是一种工作状态,是坚持不懈地努力工作或学习。勤奋就要多思考问题、多研究问题,对工作中可能出现的情况和问题有所预测、有所准备。务实就是讲究实际、实事求是。每个劳动者要对工作做到坚持不懈,认真负责,实事求是。

【案例 2-2】

"捞纸大师"周东红

周东红(图 2-2)是中国宣纸股份有限公司高级技工,也是一位扎根宣纸生产一线岗位整整 30 个年头的普通而不平凡的捞纸工人。

传统宣纸制造有 108 道工序,其中公认的技术难度最大也最为关键的就是捞纸环节。周东红常年围在水泥铸就的纸槽边,抄起纸帘,在纸浆水里弯腰打捞,然后跨步转身,将打捞好的湿纸页放到纸板上。这样的动作,周东红每天都要重复上千遍,一站就是十几个小时。他捞的宣纸厚度均匀,每 100 张质量误差仅为 2 克左右,始终保持成品率 100%、产品对路率 97% 的优秀纪录,分别超出国家标准 8 个、5 个百分点。他带领团队大胆研究探索,将古法宣纸的单槽产量提高了 50% 以上。

图 2-2 “捞纸大师”周东红

（图片来源：宣城市文明办）

在他看来，宣纸是重要的文化遗产，造纸术是中国古代“四大发明”之一，其制作技艺不仅要传承，更要传播发扬。30 年来，他一边向老师请教传统技艺，一边摸索改进造纸技术。他尝试以塑料代替芒秆，提升了产品质量。他积极改进捞纸机械划槽、纸药桶替换等技术，先后培养了 20 余名技术骨干，为宣纸技艺传承作出重要贡献。乾隆贡宣、新中国成立六十周年纪念宣、非物质文化遗产纪念宣、香港回归纪念宣，这些珍贵的宣纸都出自他一人之手。2015 年他荣获全国劳模称号，入选全国首批 8 名“大国工匠”。

从普通的技术工人成长为大国工匠，周东红的奋斗经历为我们深刻诠释了勤奋务实的内涵和意义。勤奋务实会使人出类拔萃，因为你每天坚持不懈，不满足于今天的自己，想要突破超越自我，才不会轻视自己的工作，才能在自己平凡的工作岗位上脱颖而出。

【拓展阅读】

快递界“发明哥”

圆通速递陕西公司员工田追子，被称为快递界的“发明哥”。他和团队成员仅仅用了两个月时间就研发出了上下车自动扫描机、传送带自动称重机等 6 种智能设备，在生鲜寄递等新业务中发挥了重要作用，可以节省七成人工，使水果寄递出港时效提升 1 个小时。他发明的圆通妈妈驿站自动扫码设备，可以自动拍摄人脸、身份证、面单详情、货物外观等。揽收上车视觉扫描设备专门针对圆通大重量货物，可以有效减少人工和操作环节。流水线自动扫描全景拍照设备可以自动拍摄每单快递的面单详情，提供流水线上的货物外观全景彩色照片。这 3 种国内独有的快递系统和设备都是由他研发出来的，目前正在申请专利。

深山里的快递“拓荒姐”

四川的攀枝花、西昌等地盛产脐橙、杧果等名优特产，但由于当地山路崎岖、交通不便，这些品质上乘的土特产往往以低于市场价格的一半卖给外地采购商，有时甚至腐烂在地里。中通四川西昌公司负责人孙光梅不甘心，她一家家拜访农户、地毯式搜索特产，带领老乡们走出了一条“快递＋电商”的新致富路，被当地群众亲切地称为深山里的快递“拓荒姐”。

后来，通过对淘宝、微店等平台经营模式的研究，孙光梅大胆组建了电商小团队，专门负责土特产销售。她利用市内、乡镇大量末端派送网点的网络覆盖优势，分别负责采摘、包装、发货、售后等环节，开启了一条助农之路。

1.2.3 诚实守信，做新时代有良知的劳动者

诚实守信是劳动精神的立足基点。诚信即诚实守信，对人诚实无欺；守信践诺，以真诚之心，行信义之事。诚实守信就是忠实于自己的职业与事业，信守自己应承担的义务和责任。诚实守信就是老老实实做人，踏踏实实做事，待人处事表里如一。

【案例 2-3】

全国道德模范李江福

全国道德模范、全国劳动模范、全国诚信之星李江福（图 2-3）是河南新城建设有限公司项目经理。在建筑行业工作 30 多年来，他始终坚持靠良心做事情、靠诚信盖大楼的理念，对工程的每一个部位、施工的每一道工序都要亲自查验把关，决不不允许偷工减料，质量不合格的工序坚决返工重来。

图 2-3 全国道德模范李江福

（图片来源：红旗宣传微信公众号）

2005 年，李江福在施工过程中发现部分框架填充墙砌体砂浆标号偏低，立即要求工人将砌好的五道墙马上拆除重砌。2007 年，李江福承建一项工程，开发商拖欠工程款导致 100 多万元农民工工资没有着落。为此，他卖掉了刚刚住了几年的房子，赶在大年三十之前把工资足额发放到每个农民工手里。至今，李江福负责建设的 1 000 多项工程，获得国家优质工程银奖、中国优质样板工程等 160 多种奖项。

“人无信不立，企无信不生，社会主义市场经济是法治经济、契约经济、信用经济、道德经济，我们必须靠诚信为企业赢得商誉、赢得市场、赢得效益、赢得发展空间”，这是李江福最常说

的一句话。他用诚信践行诺言，为社会交上满意的答卷，赢得了人们的尊重和信任。

中国人历来以诚信为道，像孟信不卖病牛、季布一诺千金、宋濂勤学守信、查道吃枣留钱，古人诚实守信的例子不胜枚举。如今，像李江福这样坚守诚信的模范典型身上，同样映射出新时代千千万万普通中国人的诚信底色。一个诚实的劳动者，必定于己无愧，从本心出发，尽心竭力做好自己的本职工作，才能赢得他人的尊重和爱戴，最终铸就个体生命的辉煌。

1.2.4 遵纪守法，做新时代讲文明的劳动者

遵纪守法是劳动精神的必要保证。遵纪守法是指劳动者都要遵守纪律和法律，尤其要遵守职业纪律和与职业活动相关的法律法规。每个劳动者要保证工作顺利、保障事业成功、保护自我不出问题，必须养成遵纪守法的自觉意识和行动习惯。

【案例 2-4】

东北酒王宁凤莲

宁凤莲（图 2-4）是吉林省白山方大集团董事长、党委书记、总经理。他始终遵纪守法，用良知捍卫商业道德。他坚持从基础做起，从源头抓起，对所经销国内名酒一律采取厂家直接进货方式，严把商品进货关口。他把提高经营者的自律意识和自我约束能力作为企业诚信建设的核心内容，将全体员工的职业道德教育作为打造企业诚信品牌的重点，引导员工牢固树立“以顾客为中心”的经营思想和服务理念。

图 2-4 东北酒王宁凤莲

（图片来源：百度百科）

2011 年 3 月，在吉林省举办的“3 · 15”晚会上，他将首批 20 万元“先行赔付保证金”递交省消协，用实际行动兑现承诺。2012 年，白山方大集团与中国人保财险吉林省分公司签约，给所经销国内名酒上了质量保证保险。

俗话说：不以规矩，不能成方圆。现代社会是法治社会，遵纪守法是每个劳动者的基本准则，也是每个劳动者的基本素质和义务，是保持社会和谐安定的重要条件。

1.2.5 创新创造，做新时代有智慧的劳动者

创新创造是劳动精神的价值取向。劳动的价值在于创造价值，创新创造是个人发展的阶梯、民族进步的灵魂、国家兴旺的动力，是全社会倡导的劳动价值取向。广大劳动者都要适应

时代要求，积极投身大众创业、万众创新的时代潮流中，在创新创造中实现个人价值与社会价值的完美统一。

【案例 2-5】

大庆采油工——刘丽

全国劳模，大庆油田采油工班长刘丽（图 2-5）就是靠创新创造，在她的工作岗位上取得了卓越成绩。她研制的"上下可调式盘根盒"，使采油工户外作业时间从 40 多分钟缩短为 10 分钟，盘根使用寿命从 1 个月增加到 6 个月。在她扎根大庆油田采油井场 27 年中，研制创新成果 200 余项。她用勤奋与韧劲解决了一个个生产难题，成长为享誉行业内外的大国工匠。刘丽还创建了"刘丽工作室"，带领全体成员取得技术革新成果 1 048 项，加工推广技术革新成果 2 344 件，创造经济效益 1.2 亿元。她用团结与创新培养了一批批石油工匠。

图 2-5 大庆油田采油工刘丽

（图片来源：大庆网）

她说："我有幸赶上了新时代，大庆油田给了我成长的舞台，一切荣誉都归功于油田的培养。我和我的团队以铁人为榜样，弘扬工匠精神，继续革新创新，为油田干一辈子，让每个人都能在岗位上实现自己的梦想。"

一直以来，刘丽秉持拼搏奋斗作风，练就真功夫硬本事，成为班组里的行家里手，靠劳动争气，靠创造劳动价值争取最大的社会价值。从她身上我们看到：中国工人不仅具有兢兢业业、勤勤恳恳的精神，而且更懂得用才智去创造性劳动，从劳动成果中收获人生的快乐和幸福。我们歌颂劳动光荣，不仅要尊重劳动，更要尊重知识、尊重人才、尊重创新创造，在新的历史时期，就是要鼓励通过矢志不渝的创新创业的劳动实现美丽的"中国梦"。

1.3 弘扬劳动精神，做高素质的劳动者

在过去 30 多年里，"中国制造"在全世界范围内迅速崛起，为中国经济带来了持续高速增长的动力。创造这一"中国奇迹"的主人公正是中国广大劳动者，特别是 1.34 亿技术技能型劳

动者。一个产业的竞争力,既取决于创造力,也取决于执行力。高素质技术工人则承担起中国制造业腾飞的时代重任,实现了创造力与执行力的完美结合。

实现“中国制造”向“中国创造”的制造业转型升级,归根到底要靠奋斗在一线的技术工人。那么该如何践行劳动精神,成为一名高素质技术工人?2018 年 9 月,习近平总书记在全国教育大会上呼吁“要在学生中弘扬劳动精神,教育引导学生崇尚劳动、尊重劳动,懂得劳动最光荣、劳动最崇高、劳动最伟大、劳动最美丽的道理,长大后能够辛勤劳动、诚实劳动、创造性劳动”。

新时代大学生要努力学习科学文化知识,掌握过硬技能本领,不断突破创新,弘扬劳动精神,为投身祖国建设和时代发展作必要准备。实现新时代的伟大梦想,不仅要苦干、更要巧干,善于学习中外先进技术和管理经验,还要开拓思维,敢想敢干,刻苦钻研,激发创造潜能,用创造性的劳动投身到实现“中国梦”的伟大实践中,为党、国家和人民作出更大的贡献。

【拓展阅读】

中国制造

“中国制造”早已走向全球。中国是世界上首个拥有联合国产业分类中全部工业大类、中类、小类的国家,庞大完整的工业制造体系,决定了中国制造业在全球产业格局和产业链中的重要地位和独特价值。

随着新一代信息技术与制造业深度融合,“中国制造”早已开始筹谋未来。《中国制造2025》作为未来 10 年引领制造强国建设的行动指南和未来 30 年实现制造强国目标的纲领性文件,将全面开启从“中国制造”到“中国创造”“中国智造”的转型升级之路。

《中国制造 2025》对构成制造强国评价指标体系的各项具体指标进行了逐项的发展目标预测,将建设制造强国的进程大致分为三个阶段。

第一阶段,到 2025 年,综合指数接近德国、日本实现工业化时的制造强国水平,基本实现工业化,中国制造业迈入制造强国行列,进入世界制造业强国第二方阵。在创新能力、全员劳动生产率、两化(信息化和工业化)融合、绿色发展等方面迈上新台阶,形成一批具有较强国际竞争力的跨国公司和产业集群,在全球产业分工和价值链中的地位明显提升。

第二阶段,到 2035 年,综合指数达到世界制造业强国第二方阵前列国家的水平,成为名副其实的制造强国。在创新驱动方面取得明显进展,优势行业形成全球创新引领能力,制造业整体竞争力显著增强。

第三阶段,到 2045 年,乃至新中国成立一百周年时,综合指数率略高于第二方阵国家的水平,进入世界制造业强国第一方阵,成为具有全球引领影响力的制造强国。制造业主要领域具有创新引领能力和明显竞争优势,建成全球领先的技术体系和产业体系。

1.4 拓展活动:感悟劳动者之美

1. 请同学们仔细观察图 2-6,从图中你可以看到哪些劳动者?在他们身上你可以学习到哪些品质?

图 2-6　劳动者之美（组图）

参考所给的示例，填写以下表格并与同学们分享你所感悟的劳动者之美。

劳动成果展示表

活动名称				
活动类别				
个人姓名			班级	
团队成员				
劳动成果展示	劳动者	从事的工作	劳动之美	关于劳动之美的感悟

模块2 劳模精神

劳动模范既是普通劳动者,又是民族的精英、人民的楷模和时代的先锋。长期以来,广大劳模以平凡的劳动创造了不平凡的业绩,铸就了令人钦佩的劳模精神。

2.1 劳模与劳模精神

扫一扫:劳模精神

劳模,即劳动模范,是指在社会主义建设事业中成绩卓著的劳动者,经职工民主评选、有关部门审核和政府审批后授予的荣誉称号。劳动模范分为全国劳动模范与省、部委劳动模范,有些市、县和大企业也评选劳动模范。劳动模范是劳动的模范和榜样,是各行各业的杰出代表。他们解放思想、奋发图强、敢为人先,把自己先进的工作理念和技术技能传授给普通群众,带动广大群众拓展新视野、掌握新知识、增强新本领,为实现"中国梦"凝聚力量。他们是党和国家的宝贵财富,是永远的时代领跑者。

劳模精神是指劳动模范和先进工作者身上所承载与彰显的精神,也是劳动精神在新时代的生动诠释。习近平总书记指出:"劳动模范身上体现的'爱岗敬业、争创一流,艰苦奋斗、勇于创新,淡泊名利、甘于奉献'的劳模精神,是伟大时代精神的生动体现。"在24字劳模精神中,爱岗敬业表现基本态度,争创一流映现不懈追求,艰苦奋斗体现良好作风,勇于创新彰显强大动力,淡泊名利突出至高境界,甘于奉献展现无私情怀。劳模精神是劳模群体持有的思想观念和价值取向,但劳模精神不囿于劳模群体,是超越劳模群体的社会性精神。劳模精神已成为劳动精神的一面旗帜,引领更多的劳动者向劳模学习,向劳模看齐,以实际行动践行劳模精神。

2.2 劳模精神的时代变迁

扫一扫:劳模精神的时代特色

在新中国成立70多年的光辉历史上,我国各行各业涌现出很多具有鲜明时代特色的劳模。随着社会的发展,每一个时代的劳模都有各自的特点,在每个发展关键时期,总能彰显出其独特的价值。无论随着时代如何变迁,劳模精神作为时代精神也在与时俱进,劳模精神的主旋律不变。各个时代的劳模以他们自己的模范行为,一直发挥着引领作用,激励着一代又一代劳动者为国家的繁荣富强拼搏奋斗。

2.2.1 新中国成立前劳模精神的时代特色

我国的"劳模最早诞生于土地革命战争时期中央苏区的公营企业和革命竞赛中,之后出现在抗日战争时期的陕甘宁边区大生产运动和各项建设中",20世纪30年代,由于日本帝国主义和国民党反动派的封锁,党领导的陕甘宁边区政府在经济上面临着巨大的困难。自力更生,发展生产,打破敌人的封锁,成为当时边区的紧迫任务。边区人民在党的领导下开展了"新劳动者运动”“增产立功运动”，争当“增产立功”的“新劳动者”成为边区人民的响亮口号和奋斗目标。解放战争时期又出现了大量的“支前劳模”和新解放城市中的“工业劳模”。劳模这一称号，可追溯到延安时期，《南泥湾》这首脍炙人口的老歌里就有“鲜花送模范”的唱词，那时的大生产运动产生了许多劳模。这一时期的劳模主要包括生产成绩出色的劳动英雄和工作表现突出的模范工作者两大类，他们来自农村、工厂、军队、机关、合作社、学校等地方，分布在农业、工业、商业、纺织、运输、财政金融贸易、卫生保育、行政、保安、司法等多个领域，涵盖经济、军事、政治、文化等各个方面，成员既有畜牧、植棉、打盐、运盐、安置移民、办义仓、拥军优抗、防奸的劳动英雄，还有退伍残废军人、妇女、青年、学生、抗属工属等劳动英雄。这一时期的劳模运动经历了从个人到集体、从生产领域到各个方面、从上级指定到群众评选、从数量增多到质量提高、从提倡号召到按规定标准予以推广、从革命竞赛到全面的群众运动的发展过程，体现了“服务战争、支援军事”的指导思想和“为革命献身、革命加拼命、苦干加巧干、经验加创新”的劳模精神，呈现出“革命型”的劳模特征。其代表人物有赵占魁、吴运铎和马恒昌这些苦干加巧干的革命性劳模。

这个时期劳模评选极大地调动了军民生产和工作的积极行，激发了人民群众树立起“劳动最光荣、劳动能致富”的劳动观念，为在党的领导下建立新中国作出了重大贡献。

【案例 2-6】

新中国第一代劳动模范

赵占魁（图 2-7），原陕甘宁边区农具厂工人，被毛主席称为中国式的“斯达汉诺夫”。他在高温炉旁作业，无任何防护措施，每天早出晚归，钻研技术，改进工艺，提高产品质量。抗战时期，陕甘宁边区广泛开展以建立新的劳动态度、提高生产率为内容的“赵占魁运动”。1943 年，赵占魁又被评为边区特等劳动英雄，后在边区工艺实习场任翻砂股副股长。赵占魁以新英雄的姿态，站在建设边区的最前线，成为边区工人的一面旗帜。1950 年他被评为全国劳模。

吴运铎（图 2-8）是抗日战争时期革命根据地兵工事业的开拓者、新中国第一代工人作家。1939 年，他和战友们建起我军第一个军械修造车间，成功地制造出第一批新步枪；1943 年研制出新武器——枪榴弹；1944 年制造出 36 门平射炮和大批炮弹。在试制武器过程中，吴运铎舍生忘死，失去了左手、左眼，右腿被炸残，身上留有几十处弹片没有取出，仍以顽强毅力坚持战斗在生产一线，为提高部队战斗力作出了贡献。

马恒昌（图 2-9）是全国模范小组“马恒昌小组”的创始人，全国著名的劳动模范和著名的工运活动家。他同工友组成生产小组，建立健全了交接发班、卫生值日、设备保养和保证产品质量等规章制度，开创了我国机械工业历史上工人参加民主管理的先例。他还开拓创新，带领班组改进工具，改进工作方法，创造了斜度板胎具，苦干加巧干，提前完成了生产计划，质量达到 100%。从 1949 年他创造出第一个斜度板胎具开始，到 1985 年 12 月的 36 年间，马恒昌小组共实现技术革新 930 项，学习和运用国内外先进技术 118 项。分别提高生产效率 0.5 倍到 60 倍。

图 2-7 “炼火英雄”赵占魁

图 2-8 中国“保尔”吴运铎

图 2-9 工业战线的排头兵马恒昌

2.2.2 20 世纪 50 年代劳模精神的时代特色

20 世纪 50 年代的中国百废待兴，为使国民经济尽快恢复，更好地建设社会主义，党和国家在总结革命战争时期经验做法的基础上，积极开展社会主义劳动竞赛和生产运动，并进行了形式多样的劳模表彰工作，从中评选出了一大批劳模和先进生产者。这些劳模广泛分布在工业、农业、部队、交通运输、基本建设、财贸、教育、文化、卫生、体育、新闻等国民经济和社会建设的多个方面，既有生产能手、岗位标兵、技术人员、科学工作者，又有先进工作者、优秀组织者和管理者，劳模们勤勤恳恳、任劳任怨、勤俭节约、艰苦奋斗的“老黄牛”精神，带动了整整一代人为共和国奠基作出了突出贡献。

这一时期，以时传祥、张秉贵、倪志福等为代表的一大批普通劳动者，在平凡的工作岗位上以主人翁责任感和艰苦创业精神，以高尚的忘我劳动热情和无私奉献精神赢得了社会的尊重，成为激励全国人民的楷模。

【案例 2-7】

平凡岗位上的坚守和奉献

当选“100 位新中国成立以来感动中国人物”、荣获“全国劳动模范”的时传祥（图 2-10）是北京的一名掏粪工人。他出生在一个贫苦农民家庭，在旧社会受尽歧视和压榨。新中国成立后，他在首都北京继续从事城市清洁工作，每天背着沉重的粪桶走街串巷地掏粪。新中国工人阶级当家作主使他扬眉吐气，他对党充满感激。他千方百计地提高工作效率，没日没夜地工作，从一天背 50 桶粪增加到 93 桶粪，一天下来就是 5 吨，肩上磨出了又黑又硬的老茧。他把掏粪当作十分光荣的劳动，以身作则，任劳任怨，全心全意为人民服务。

全国劳模张秉贵生（图 2-11）是北京市百货大楼售货员，在那个商品短缺的年代，张秉贵的服务给人们带来了良好的购物体验。北京百货大楼当时是全国最大的商业中心，客流量非常大，再加上当时的物资相对匮乏，顾客购物通常要排长队。他从为国争光、为人民服务的政治信念出发，苦练售货技术和心算法，在问、拿、称、包、算、收六个环节上不断摸索，终于练就了“一抓准”和“一口清”的过硬本领。张秉贵还创造了一套“接一问二联系三”的工作方法，就是在接待第一个顾客时，问第二个顾客买什么，同时和第三个顾客打好招呼，做好准备。张秉贵通过特有的眼神、语言、动作、表情、步伐、姿态等，为顾客提供热情周到的服务，成为那个时代商业领域的服务典范。

图 2-10 掏粪工人时传祥

图 2-11 “一抓准”张秉贵

【拓展阅读】

五一国际劳动节的由来

五一劳动节又称五一国际劳动节，是世界 80 多个国家的全国性节日。这个节日源自美国芝加哥城的工人大罢工。当时芝加哥的 20 多万工人受到资本家的剥削和压迫，每天要工作十几个小时。工人们为了保障自己的权利，在 1886 年五月一日，举行了大罢工和游行，要求改善劳动条件，实行八小时工作制，经过艰苦的流血斗争，终于获得了胜利。为了纪念这次伟大的工人运动，1889 年 7 月，第二国际宣布将每年的五月一日定为“国际劳动节”，从此每年的这一天，各国劳动人民都会举行活动来庆祝。

中国人民庆祝劳动节的活动可追溯至 1918 年。那年，一些革命的知识分子在上海、苏州、杭州、汉口等地向群众宣传“五一”。1920 年 5 月 1 日，北京、上海、广州、九江、唐山等各工业城市的工人群众浩浩荡荡地走上街市，举行了声势浩大的游行、集会，这就是中国历史上的第一个五一劳动节。新中国成立以后，中央人民政府政务院于 1949 年 12 月将 5 月 1 日定为法定的劳动节。

2.2.3 20 世纪 60 年代劳模精神时代特色

1958 年，中国发起被称为“三面红旗”的总路线、“大跃进”、人民公社的经济政治运动，紧跟着中国经历了三年困难时期，经济面临着严重困难。当时的社会需要与大自然做艰苦奋斗、自我奉献的焦裕禄式的干部，因而社会热情讴歌了一大批像王进喜、郭凤莲、邢燕子、董加耕、侯隽那样在艰苦的生产战线上顽强拼搏并取得巨大成绩的人。他们自力更生、艰苦创业，以忘我的劳动热情和无私的奉献，为全国人民树立了榜样。正是在这一大批活生生的英雄模范人物的精神的激励、带动下，中国社会的经济复苏了，中国人的精神面貌得到了进一步的提高。

【案例 2-8】

工业学大庆，农业学大寨

王进喜（1923 年 10 月 8 日—1970 年 11 月 15 日）（图 2-12），出生于甘肃省玉门县（今玉门市）赤金堡，中国黑龙江省大庆市大庆油田石油工人。面对国家建设急需石油的紧迫形势，1960 年冬天，王进喜带领着 1205 钻井队，来到天寒地冻的东北松嫩平原，靠人拉、肩扛，硬是把生产所需要的钻机、煤炭卸到了工地,为新油田的早日开工立下了汗马功劳。当发生井喷时,王进喜奋不顾身地跳入泥浆池,以身体搅拌泥浆,制止了井喷,保住了钻井机台。王进喜和他代表的中国石油工人在恶劣的环境里,在简陋的条件下,以"为国分忧、为民族争气"的爱国主义精神,以"宁可少活20年,拼命也要拿下大油田"的忘我拼搏精神,以"一不怕苦,二不怕死""有条件要上,没有条件创造条件也要上"的艰苦奋斗精神,以"干工作要经得起子孙万代检查","为革命练一身硬功夫、真本事"的科学求实精神,以"甘愿为党和人民当一辈子老黄牛"埋头苦干的奉献精神,打出了一口口油井,成为中国工人阶级的光辉榜样。王进喜身上体现出来的"铁人精神",激励了一代又一代的石油工人争做为国家分忧解难、为民族争光争气、顶天立地的民族英雄。

图 2-12 "铁人"王进喜

郭凤莲(图 2-13)是一个传奇式人物。她 1946 年生于山西省昔阳县离大寨村不远的武家坪村,3 岁失去了母亲,寄居在大寨村的姥姥家,1962 年完小毕业后在大寨务农。大寨村地处黄土高原,荒山野岭,十年九旱。1963 年大寨天灾频发,洪灾、冰灾、旱灾轮番而至,郭凤莲在村党支部的带领下参加了大寨的抗灾自救,同当时的"铁姑娘"们一道投入到了"先治坡后治窝"的劳动。1964 年,年仅 16 岁的郭凤莲任"铁姑娘队"队长,与那些花季少女同男社员一样战天斗地,改造家乡落后面貌,成为那个特定历史时期中的一个家喻户晓的人物,曾受到党和国家领导人的热情接见和赞扬。

图 2-13 "铁姑娘"郭凤莲(中)

2.2.4 20世纪70年代劳模精神时代特色

20世纪70年代，中国进入了改革开放阶段，开始建立现代化建设的新时期新领域。“知识分子成为工人阶级的一部分”的理论扩大了劳模队伍的外延，极大地鼓舞了知识分子和脑力劳动者的工作热情。“科学技术是第一生产力”的论断使中国迎来了科学的春天，中国的科技界涌现出了一大批以数学家陈景润、“两弹元勋”邓稼先、优秀光学专家蒋筑英、微电子研究专家罗健夫、“革命烈士”科学家彭加木等为代表的知识精英，体现了“淡泊名利、献身科学”的劳模精神。

正是这批震撼中外科学界的优秀人物的事迹，唤起了几代人的科学梦和强国梦，激励了数以千万计的知识分子，在科学技术界迅速形成了一个为国争光、攀登科学高峰的热潮，中国的科学事业由此逐渐进入飞速发展阶段。

【案例2-9】

中华民族的脊梁

陈景润（图2-14）出生在福建省闽侯县。1953年，他从厦门大学数学系毕业，曾经留在厦门大学图书馆担任资料员，除了整理图书馆的图书，还需要帮忙批改学生的数学作业。但是在忙碌工作之余，陈景润并没有放弃对数学科学的研究。

图2-14 数学家陈景润

为了实现自己心中的理想，多少个寒冬和酷暑，陈景润在他还不到6平方米的小屋里借助一盏昏暗的煤油灯、一张床板、一支笔，潜心钻研。他夜不能寐，食不知味，用来计算的草纸就装了满满好几个大麻袋。

1957年，陈景润被调到中国科学院研究所从事研究工作，在这个新的环境里，陈景润更加用功。在十多年的计算之后，陈景润发表了他的关于“哥德巴赫猜想”的论文成果。这个论文得到了国际数学界以及众多数学家的极力赞扬和重视。德国著名数学家黎希特以及英国著名数学家哈伯斯坦都把陈景润的相关论文写到了数学书里，并且称之为“陈氏定理”。陈景润终于摘取了数学皇后王冠上的那个宝珠，“哥德巴赫猜想”这个国际数学难题终于被中国数学家攻克。

“两弹元勋”邓稼先（图2-15），长期甘当无名英雄，把自己的青春融进了中国核防御力量的“铁脊梁”之中，为我国原子弹、氢弹的发展作出了杰出贡献。

图 2-15 “两弹元勋”邓稼先

1950 年，26 岁的邓稼先在美国获得了物理学博士学位。他带着当时最先进的物理学知识，远涉重洋，游子归来，报效祖国。20 世纪 50 年代末，邓稼先从物理学讲坛上“消失”了，他的身影闪现在核武器研制的基层第一线：在北京郊外的高粱地里参加研究所的兴建，在罗布泊国家试验场的土路上颠簸，在云遮雾罩的山区指挥着原子弹、氢弹的研制。邓稼先为我国的核武器研制事业兢兢业业、呕心沥血，孜孜不倦地奋斗了 28 年，从原子弹、氢弹原理的突破、试验成功及其武器化，到新的核武器重大原理突破和研制试验，都作出了重大贡献，为我国第一颗原子弹和第一颗氢弹试验成功立下了卓越的功勋。邓稼先曾荣获全国自然科学奖一等奖和国家级科技进步奖特等奖，以及“全国劳动模范”等荣誉称号。

1986 年，积劳成疾的邓稼先被癌症夺去了生命。在生命的最后一个月里，他 28 年的秘密经历才得以披露，“两弹元勋”的美名才开始传扬。

2.2.5 20 世纪八九十年代劳模精神的时代特色

20 世纪八九十年代，中国社会发生了剧烈变化，经济的飞速发展让世界对中国刮目相看。那时的劳动者充满理想，劳模更富有激情，他们以当代社会所需要的“求真务实，拼搏进取”的时代精神和主流价值观，唱响了时代的最强音。这一时期涌现了以孔繁森、李素丽、徐虎等为代表的一大批先进模范人物，他们成为引领时代发展的先行者。为西藏的经济社会发展以身殉职的孔繁森，兑现了“青山处处埋忠骨，一腔热血洒高原”的铮铮誓言；服务行业楷模李素丽，被人们称赞为“盲人的眼睛、病人的护士、外地人的向导、乘客的贴心人”；“辛苦我一个，方便千万家”的 90 年代活雷锋——水电工徐虎，在平凡的工作中闪现着时代光芒。在这一批先进人物身上展现了当代社会所需要的一种时代精神，一种社会所倡导的主流价值观，激励广大劳动者崇尚先进、爱岗敬业。

【案例 2-10】

领导干部的楷模——孔繁森

1979 年，孔繁森（图 2-16）响应国家号召，主动报名参加援藏工作。在工作期间，他克服了恶劣的高原环境，跑遍了拉萨八个区内的公办学校和一半以上的乡村小学，使拉萨市适龄儿童的入学率从45%提高到80%以上；同时走遍了所有的敬老院和养老院，为孤寡老人送去了党和政府的温暖。

图2-16　领导干部的楷模——孔繁森

西藏偏远地区的医疗条件差，他每次下乡的时候，都特地带上一个医药箱，并经常用自己的工资资助生活贫困的藏族群众。所以，经常不到半个月，他的工资就所剩无几了。他又悄悄跑去献血，在一年时间里，他先后献血900毫升，并把所得的营养费900多元全部用于3个孤儿的生活补贴。

孔繁森在50多岁时候，遭遇车祸，以身殉职。人们称他为“领导干部的楷模”“九十年代的焦裕禄”。

2.2.6　21世纪劳模精神的时代特色

21世纪是一个充满生机、富有活力的年代，是一个开拓未来、创造历史的时代，是一个成就英雄、成就梦想的时代。新时代是奋斗者的时代，在新的历史起点上，加快经济发展方式转变，全面建成小康社会，发展中国特色社会主义事业，实现中华民族伟大复兴，是时代赋予我们中华民族的光荣与梦想、责任与使命。

时代在变化，劳模的评判标准和人员构成也在不断变化，但是劳模“奉献”的本质没有变。这一时期，劳模队伍的结构非常广泛。如在推动经济发展方式转变，优化经济结构，提高自主创新能力，实现国有资产保值增值，促进经济平稳较快发展方面作出突出贡献的；在国家和省区市重点工程建设或重大科研项目研制中作出突出贡献的；在科技、教育、文化、卫生、体育等社会事业中作出突出贡献的；在改善民生，维护社会稳定，增进民族团结，促进社会和谐中作出突出贡献的；在保卫国家和人民生命财产安全，推进社会主义民主法治建设方面作出突出贡献的；在节能减排，保护环境，安全生产，推动科学发展中作出突出贡献的；在抗击重特大自然灾害，应对国际金融危机冲击等重大事件中作出突出贡献的；在推动国防和军队现代化建设方面作出突出贡献的。各行各业涌现出了一大批先进典型和英雄模范，向“典型”学习的浪潮又一次响彻神州大地。在生产一线成长起来、打破集装箱装卸世界纪录的青岛港集团劳模装卸队队长许振超；牺牲小我、治愈万家，一年接诊病人3.5万人的“白求恩式医生”朱立宏；从化验工到晋煤集团特级劳模，“80”后矿工郭俊峰；抓大案要案，捍卫一方和平的“警界女神警”任长霞；敬业奉献在养护生产一线，用热血和丹心确保高速公路畅通无阻的公路养护工林德平；党的好干部、人民的贴心人、优秀少数民族干部牛玉儒。这些来自不同行业的劳模身上都反映了中华民族的民族志气和当代文明。

2005年4月30日，胡锦涛同志在全国劳动模范和先进工作者表彰大会上指出，“一代又一代先进模范人物，以自己的实际行动铸就了爱岗敬业、争创一流，艰苦奋斗、勇于创新，淡泊名利、甘于奉献的伟大劳模精神”。这是首次用24个字对劳模精神进行生动概括。至此，劳模精神的内涵形成完整表述。之后，在2010年和2015年的全国劳模和先进工作者表彰时，都用了这一固定表述来阐释和宣传劳模精神。

【案例2-11】

瓦斯发电战线劳模——郭俊峰

2009年，正当120 MW沁水晋煤寺河瓦斯发电厂投运初期，郭俊峰接到通知从热机车间水质化验岗位，调到燃机保养班做保养工。这一年，郭俊峰不满28岁。他一头扎进燃机保养现场，钻研燃机保养技术，付出了比常人多十倍的努力和勤奋，历经多台燃机的机架大修、缸盖清理、中冷器清洗、燃机缸套活塞更换等检修磨炼，培养出过硬的保养“功夫”，深得工友们佩服。2012年12月，他凭借精湛的检修技艺，获得燃机检修工“优胜选手”荣誉称号。

2014年以来，郭俊峰带领车间保养员工每天坚守在“温度高、噪声大、空气流通不畅”的单元厂房，一起松螺丝、测量间隙、调整紧力，每一项工作他都做到认真仔细检查，一丝不苟落实，坚持精益求精。

2016年，面对煤炭主业需要逆势突围的严峻形势，郭俊峰承担起为瓦斯发电提效创利提供保障的重任。他合理调配人员，保证设备消缺、燃机大修相互兼顾。针对燃机拖运工作耗时耗力等问题，他利用节假日时间，搜集相关技术资料，虚心向老师傅请教，在一次次改进中不断优化托运工具及方案，终于将燃机大修拖运复位的时间，由最初的48个小时缩短为24个小时。郭俊峰坚持苦活、累活抢着干，加班、加点成习惯，终于在工作实践中创造了燃机大修拖运复位的“寺河效率”，为该公司瓦斯发电跃上9.83亿度新平台赢得了宝贵时间。

责无旁贷结硕果，奉献光热续辉煌。郭俊峰吐露心声：“我是瓦斯发电战线的一名普通党员，就应多担当些责任。”

【拓展阅读】

“时代领跑者——新中国成立以来最具影响的劳动模范”名单

2009年9月22日，由中华全国总工会举办的“时代领跑者——新中国成立以来最具影响的劳动模范”评选活动，经过公众投票和评委会评审，马恒昌、王进喜、袁隆平等60名劳模成为公众心中新中国成立以来最具影响的劳动模范。详细名单如下。

马万水　马六孩　马永顺　马恒昌　孔祥瑞　孔繁森　王顺友　王乐义　王有德
王全禄　王进喜　王启民　王　选　王洪军　王崇伦　邓亚萍　邓建军　邓稼先
包起帆　史来贺　田桂英　申纪兰　任长霞　多　吉　许振超　达吾提·阿西木

吴仁宝　吴运铎　吴登云　宋鱼水　张云泉　张秉贵　时传祥　李双良　李　斌
杨　丽　杨怀远　邱娥国　陈刚毅　陈　峰　孟　泰　柳传志　赵占魁　赵国峰
赵桂兰　赵梦桃　钟南山　徐　虎　袁隆平　郭凤莲　常香玉　梁　军　尉凤英
彭隆荣　智呼声　蒋筑英　鲁冠球　窦铁成　樊锦诗　潘兰英

60 名“时代领跑者”涵盖了各个历史时期和各个方面的劳动模范，具有广泛的代表性，他们当中有新中国成立初期的老一辈劳模，也有改革开放以来涌现的新时期劳模；有在生产一线岗位成才的知识型、创新型技术工人，也有科研战线的领军人物；有为经济发展作出卓越贡献的企业家，也有社会主义新农村建设的带头人。其中有 37 人入选“100 位新中国成立以来感动中国人物”。

2.3 时代劳模精神的共同点

每个时期的劳模，都是时代的精神符号和力量化身；每个时代的劳模群体，都呈现出多元的组合，体现了对不同劳动价值的肯定。劳模精神作为一种时代精神，虽然在不同的时代有不同的内容，但无论时代如何变迁，劳模精神的本质是永远不变的，而且是一脉相承的，都是全心全意为人民服务的。

随着时代的发展，劳模还将被赋予更多的时代内涵。无论是在生产一线作出不平凡业绩的产业工人，还是推动科技创新的工程师；无论是下岗再就业的劳动者，还是率领企业崛起的管理者；无论是比表现还是比贡献；无论是讲精神作用或者是讲经济效益……劳模的核心价值都是始终不变的，那就是主人翁责任感和艰苦创业精神，忘我的劳动热情和无私奉献精神，强烈的开拓进取意识和创新求实精神，良好的职业道德和爱岗敬业精神。这些精神是对职业、对社会、对国家的道德感、责任感和使命感，是推动时代前进的强大动力，是伟大民族精神的重要体现，是构成社会主义先进文化的基本元素。

2.4 践行劳模精神，做新时代的奋进者

2.4.1 爱岗敬业、争创一流

“爱岗敬业、争创一流”是劳动模范的奋斗目标，是广大劳动者的价值追求。爱岗敬业要求劳动者热爱自己的岗位，尊重自己的职业，提倡广大劳动者热爱本职工作，勤勤恳恳、兢兢业业，在平凡的岗位上作出不平凡的事迹。争创一流要求广大劳动者保持“争先创优”的干劲，有敢于成为各行各业排头兵的担当和工作中面对困难披荆斩棘的勇气。劳动模范是“中国梦”的领跑人，他们用自身的模范行为带动广大群众立足本职、尽职尽责、精益求精，在平凡的工作岗位上作出不平凡的业绩，打牢实现“中国梦”的坚实根基。

【案例 2-12】

爱岗敬业劳动模范

浙江省劳动模范吴斌生前系浙江省杭州长运运输集团有限公司的驾驶员。吴斌在驾车途中突遭重创时临危不乱，短短 76 秒，他强忍剧痛将车停稳，以极大的毅力完成了一整套安全规范的操作，用生命践行了“一切为了顾客”“诚信、爱岗、敬业”和忠于职守的职业道德观，被人

们誉为“最美司机”。

劳动模范郭明义时时处处发挥先锋模范作用，在每个工作岗位上都取得了突出的业绩。从1996年开始担任鞍钢矿业公司齐大山铁矿采场公路管理员以来，他每天都提前2个小时上班，15年中，累计献工15 000多小时，相当于多干了五年的工作量。工友们称他是“郭菩萨、活雷锋”，矿业公司领导则称因郭明义使整个“矿山人”的精神得到了升华。他20年献血6万毫升，是自身血量的10倍多。1994年以来，他为希望工程、身边工友和灾区群众捐款12万元，先后资助了180多名特困生，而自己的家中却几乎一贫如洗，一家3口人至今还住在鞍山市千山区齐大山镇一个20世纪80年代中期所建的、不到40平方米的一居室里。

2.4.2 艰苦奋斗、勇于创新

“艰苦奋斗、勇于创新”是劳模精神永葆时代本色的关键。艰苦奋斗是中华民族的传统美德，是民族精神的重要组成部分，历经五千年的传承深深植根于广大人民群众的心中。艰苦奋斗是我党提倡的工作作风，也是凝聚广大人民群众为中国特色社会主义事业不懈奋斗的强大动力。艰苦奋斗的内涵包括物质和精神两个层面。从物质层面看艰苦奋斗，要求人们的消费要节制在合理的限度内，这个合理限度的衡量标准与每个时期的社会生产力水平相适应，提倡的是勤俭节约，珍惜劳动创造的物质财富；从精神层面看，艰苦奋斗是指不畏艰难困苦，锐意进取、坚忍不拔、奋发有为的精神状态和为人民的利益乐于奉献的行为品质。

勇于创新是以改革创新为核心的时代精神的重要组成部分，是进一步解放和发展生产力、推动经济建设和科技创新的关键所在。勇于创新就是要超常规，敢于突破老规矩，敢于打破旧框框，敢于接受新事物，创造性地建立新机制、制定新思路、采取新方法、取得新成绩。创新是民族进步的灵魂，是一个国家兴旺发达的不竭源泉，也是中华民族最深沉的民族禀赋。这在新时期劳动模范身上体现得更为强烈，正是他们积极推动了“中国制造”向“中国创造”的转型。

艰苦奋斗、勇于创新体现了广大劳模吃苦耐劳、坚忍不拔的作风和强烈的开拓意识。他们勤于学习、善于实践，积极掌握新知识，努力增强新技能，主动应对各种挑战，反映了工人阶级的进取精神和与时俱进的阶级禀赋。艰苦奋斗，是成为劳模先进、成就任何事业必不可少的精神力量。

【案例2-13】

艰苦奋斗劳动模范

20世纪60年代以来，全国劳动模范袁隆平（图2-17）院士使中国在矮秆水稻、杂交水稻育种和超级杂交水稻育种领域上取得了领先世界的水平。20世纪70年代初，袁隆平发表文章，阐述了水稻有杂交优势的观点，打破了自花授粉作物育种的禁区，被誉为“世界杂交水稻之父”。

图2-17 世界杂交水稻之父——袁隆平

新时代劳模在继承老一代劳模爱岗敬业精神的基础上，与时俱进、开拓创新，成长为知识型、技能型和创新型劳模。全国劳动模范包起帆20世纪80年代被誉为“抓斗大王”。进入新世纪，他继续创新，被誉为“发明大王”。他主持的科研项目曾3次获得国家科技进步奖，3次获得国家发明奖，17次获得省部级科技奖,21次在美国、日内瓦、巴黎等国际发明展览会上获得金奖。

全国劳动模范孔祥瑞坚持学习、坚持实践、坚持创新,从一名只有初中文凭的码头工人,成长为一名享誉全国的“蓝领专家”。他主持开展200余项技术创新项目,创造效益超亿元,其中“门座式起重机中心集电器”等多个项目获得国家实用新型专利。

全国劳动模范李斌先后完成新产品开发55项、工艺攻关201项、加工工艺编程1 500多条,直接创造经济效益830多万元。他自主设计了184把刀具,技术革新、自制改进工装夹具82副,为企业节约支出110多万元,并获得多项专利。

农民技术员出身的全国先进工作者李登海选育出100多个紧凑型玉米杂交种,其中51个品种通过国家级、省级鉴定,共获得11项发明专利和43项植物新品种权,被誉为“中国紧凑型杂交玉米之父”。

2.4.3 淡泊名利、甘于奉献

“淡泊名利、甘于奉献”是劳模精神的优秀品格。淡泊名利彰显了中华民族“为而不争”的优秀传统美德,是中华民族传统名利观的集中体现,是一种工作兢兢业业、任劳任怨,为了党和国家事业不计个人得失的高尚品格。淡泊名利就要以平静之心对待自己,以平稳之心处事,以平常之心对待名利。

中华民族是一个具有奉献精神的伟大民族。奉献是指心甘情愿地为他人服务,是不计较个人得失的无偿劳动。对社会来说,奉献是义务性地为国家或社会大众进行的一种无报酬的劳动。对个人来说,奉献是对他人无偿地援助和帮助,是吃苦在前、享受在后,舍己利人、多作贡献。奉献是公民在处理个人与他人、与集体、与社会关系时应具有的品质和重要规范,它贯穿于社会公德、职业道德、家庭美德、个人品德等优良道德品质的积累之中,真实地反映出道德自身的特质。奉献无处不在,内涵十分丰富,包括不怕困难勇挑重担的精神、见义勇为助人为乐的精神、不计报酬不为私利的精神。奉献是一种平凡的精神,更是一种高尚的情操,还有更高层面上的思想内涵,这就是中国共产党一贯倡导的“先公后私,先人后己,公而忘私,大公无私”等道德追求。甘于奉献精神是一个国家、一个民族、一个企业的精神高地,是推动经济社会发展进步的原动力。每一个劳动者都要把奉献作为自己人生价值观的重要坐标,规范自己的思想和行为。

甘于奉献是党大力提倡的社会主义道德,是坚持全心全意为人民服务的精神动力,是涵养社会主义核心价值观的重要源泉,是当代广大劳动者遵循的崇高价值标准,是在党和国家利益面前牺牲小我、服从大局的崇高情怀。

【案例 2-14】

甘于奉献劳动模范

申纪兰是第一届至第十二届全国人大代表，1952年、1978年、1989年三次被评为全国劳动模范。1952年她提出男女应享受同工同酬的权利,后来被写入新中国的《劳动法》。60多年来,她没有离开过西沟村,没有离开劳动岗位。当选山西省妇联主任时,她郑重地向组织提出:“我永远是一个普通农民,不领工资,不转户口,不定级别,不配专车。”申纪兰生活拮据,每年除了国家的一点补助和村里的几百元补贴外，她的收入主要依靠 1 亩 4 分（1 亩 =10 分 ≈666.67 平方米）责任田，其他贴补她一概不要。当村党支部副书记这么多年，不管是因公外出开会还是帮村里出差办事，她从没有报销过一分钱的差旅费，也从不领取一分钱的补助，都是自己掏腰包。她对此有一个朴素的解释："党员干部的本色是啥？是劳动，是奉献，是服务。"全国劳动模范吴仁宝带领华西村干部群众缔造了"天下第一村"的奇迹，但他始终以淡泊名利、甘于奉献的精神严格要求自己，从 20 世纪 70 年代起，他就给自己立下了"三不"规矩：不住全村最好的房子，不领全村最高的工资，不拿全村最高的奖金。这些年他应得的奖金累计超过 1.3 亿元，可他分文不取，全部留给集体。

2.5 拓展活动：绘制劳模精神发展的时间轴图

时间轴图是指通过互联网技术，依据时间顺序，把一方面或多方面的事件串联起来，形成相对完整的记录体系，再运用图文的形式呈现给用户；时间轴可以运用于不同领域，其最大的作用就是把过去的事物系统化、完整化、精确化。

时间轴图样式各有不同，如水平时间轴图（图 2-18）、垂直时间轴图（图 2-19）和 S 形时间轴图（图 2-20）等。

1. 水平时间轴图

水平时间轴的布局方式是水平布局。按照从左到右的顺序排列时间和事件。若在画布中不断增减二级主题的话，则会让时间轴从左至右不断延伸。水平时间轴简洁明了，是颇为常见的时间轴，常用于描绘研发制作历程以及一些网站展示发展历程等场景。

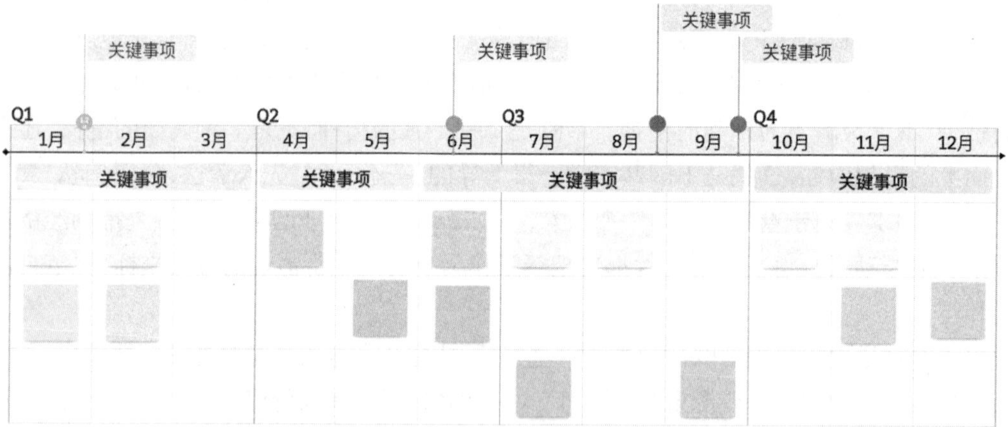

图 2-18　水平时间轴图

2. 垂直时间轴图

垂直时间轴与水平时间轴的布局方式恰恰相反，水平时间轴是从左至右依次布局的方式，而垂直时间轴则是从上至下的一种布局方式，从上 / 下的时间点为始端依次记录不同时间所发生的事件。垂直时间轴主要用来描述企业发展历程或者软件版本迭代更新历史等，通过时间点和事件直观地展示发展过程。

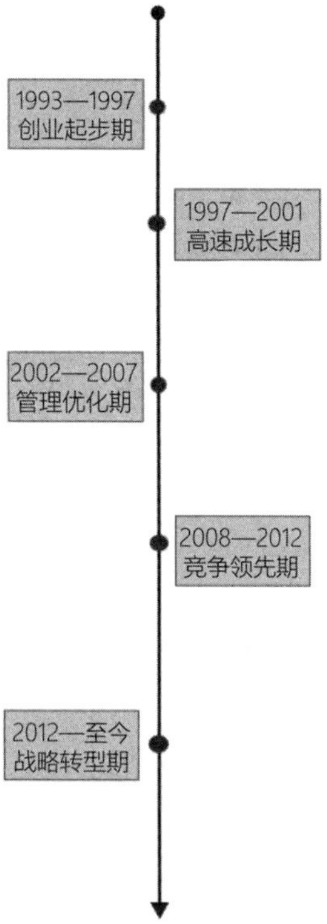

图 2-19 垂直时间轴图

3.S 形时间轴图

这类时间轴综合了上述两类时间轴，既拥有水平式布局又拥有竖直式布局，使时间线更加紧凑地显现在画布中，既捋清了时间点，又方便了快速阅读。

S 形时间轴先是从左到右延续，之后会出现回转，以弯曲的形式回转延伸，依次反复达到最终想要的效果。

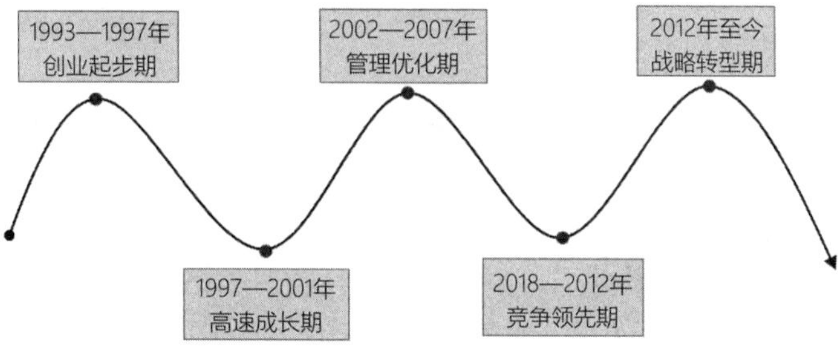

图 2-20 S 形时间轴图

结合上面的示例，同学们想一想，劳模精神的发展过程是不是也可以整理出一条时间轴线图呢？

下面请同学们根据本模块内容，查阅相关资料，绘制劳模精神发展演变的时间轴线图，找出每个时期你最欣赏的劳模代表，并和同学们一起分享这些劳模的感人事迹，并同步完成劳动成果展示表的填写。

劳动成果展示表

<table>
<tr><td>活动名称</td><td colspan="4"></td></tr>
<tr><td>活动类别</td><td colspan="4"></td></tr>
<tr><td>个人姓名</td><td colspan="2"></td><td>班级</td><td></td></tr>
<tr><td>团队成员</td><td colspan="4"></td></tr>
<tr><td rowspan="4">劳动成果展示</td><td colspan="4">劳模精神发展演变时间轴线图</td></tr>
<tr><td colspan="4"></td></tr>
<tr><td>劳模代表 1</td><td></td><td>劳模代表 2</td><td></td></tr>
<tr><td colspan="2">劳模情况简介</td><td colspan="2">劳模情况简介</td></tr>
</table>

模块 3　工匠精神

3.1　工匠精神的内涵

扫一扫:劳动者的工匠精神

作为一个动态发展的概念,工匠精神的基本内涵具有时代性和历史性。从词源学来看,工匠精神是一个源自传统的现代词汇,它的产生与发展同工匠这一特殊职业密不可分,从某种意义上讲,工匠精神就是对工匠所具有的精神内核的抽象。工匠这一职业最初产生于古代传统社会的手工业。据《周礼·考工记》记载:“国有六职,百工与居一焉。”狭义的工匠是指从事手工业生产的劳动者,广义的工匠是指从事匠艺活动的人。理查德·桑内特(Richard Sennett)认为:“匠艺活动是一种持久的、基本的人性冲动,是为了把事情做好而把事情做好的欲望。”工匠群体经历了漫长的演变历程,由手工技术时代到机器生产时代再到智能信息化时代。在由传统到现代的发展过程中抽象出来的“工匠精神”,则演绎出不同的文化形态。

工匠精神在中国传统文化话语境下强调尊师重道、道技合一,主张通过吃苦耐劳、用心专一来达到物我一致的境界。早在《诗经·卫风·淇奥》中就有“如切如磋,如琢如磨”的佳句。《大学·中庸》也对这一严谨专注的精神高度肯定,“如切如磋者,道学也;如琢如磨者,自修也”。朱熹在《四书章句集注·论语集注》中进一步提炼出工匠精神的核心特质,即“言治骨角者,既切之而复磨之;治玉石者,既琢之而复磨之,治之已精,而益求其精也”。这些对于工匠精神的阐释彰显了中国古代工匠对于技艺完美的全情投入和对精益求精的不懈追求。

在当代中国发展语境下,工匠精神具有现代性意蕴。新时代的工匠精神包括超越创新、协作共进、求真务实、爱岗敬业的精神特质。习近平总书记在全国劳动模范和先进工作者表彰大会上的讲话中指出:“在长期的实践中,我们培育形成了……执着专注、精益求精、一丝不苟、追求卓越的工匠精神。”新时代工匠精神的基本内涵是指执着专注的工作态度、精益求精的能力素养、一丝不苟的履职信念、追求卓越的创新精神。这些理论特质互为表里、相辅相成,集中体现了工匠对于职业、器物、劳动的热爱,与伟大创造精神、伟大奋斗精神、伟大团结精神、伟大梦想精神相契合,共同构成了新时代勇往直前的强大精神动力。

3.1.1 全身心投入、专注执着的工作态度

专注是从业者内心笃定,不受外界环境干扰而从事自身职业的精神品质。执着专注体现在对既定目标的不懈追求上,真正做到抱元守一、忠于职守,这是工匠们良好工作态度的集中体现。从历史经验来看,无论是个体工匠还是工匠群体,一旦选定行业就要摒弃浮躁心态,静得了心、耐得住寂寞、坐得住冷板凳,从而专心执着于工作。全身心投入工作所带来的必然结果就是在技艺上积攒经验、在细节上推陈出新。庄子笔下的庖丁解牛、轮扁斫轮、津人操舟等,就是刻画了一幅幅匠人几十年如一日坚忍执着、锲而不舍的精神画卷。真正的大国工匠常常是胸怀匠心、摒除匠气,铸就“十年磨一剑”“百年造一物”的传奇。

3.1.2 攻坚克难、精益求精的能力素养

精益求精是工匠精神的核心要义之一,它是对工匠精神这一复杂概念的生动表达,既集中展现了工匠的技艺能力,也表达了工匠意志层面的专注投入。换言之,精益求精是专注执着的必然结果。攻坚克难是贯穿社会主义建设与改革的宏大主题,无论是大国工匠还是普通劳动者,都切实地为中国的发展作出了自己的贡献。在这其中,有从屡次失败中探索经验而竣工的青藏铁路;有舍小家为大家,以大局为先而成就的三峡水利工程;有克服种种难题,突破技术壁垒,建设过程精准无误的港珠澳大桥。所有这些都体现了新时代独具中国特色的大国工匠精神,即攻坚克难、精益求精的能力素养;团结协作、家国一体的社会主义情怀。正是对伟大工程和工艺作品的这种不满足、不凑合、精益求精的工作态度以及能力素养,才成就了一系列不朽的世纪工程。从这个意义来说,工匠精神必将推动中国经济与社会发展进入新的高质量发展时代。

3.1.3 敬业奉献、一丝不苟的履职信念

敬业奉献赋予工匠精神新的时代内涵。爱岗敬业是社会主义核心价值观的重要组成部分,也是工匠对待职业矢志不渝的理想信念。传统社会对于工匠精神的理解仅仅停留在手工业生产者或工艺专长的劳动者这一类群体,而现代社会工匠精神的概念外延要更加宽广而全面。它是指凝结在所有劳动者身上的,在工作中全情投入、脚踏实地、兢兢业业的态度和品质。早在春秋时期,孔子就主张任何人都要坚持"执事敬""事思敬""修己以敬"。进入新时代,工匠精神中的敬业奉献就是强调"功成不必在我"的精神境界与"功成必定有我"的历史担当。一丝不苟作为一种职业规范,是工匠对待职业严谨踏实的自我要求,表现为对细节的认真细致,对完美的孜孜以求,最终要达到的是虚心静意的价值内化。

3.1.4 锐意进取、追求卓越的创新精神

创新是新时代工匠精神的出发点与立足点。社会的进步、科技的发展需要守正与创新的辩证统一。追求卓越的创新精神意味着工匠要摒除墨守成规、因循守旧的"匠气",胸怀锐意进取、敢为人先的"匠心"。"问渠那得清如许,为有源头活水来。"锐意进取、追求卓越的创新精神是践行新发展理念、推动供给侧结构性改革、加快经济转型向高端产业链迈进的需要。历史和现实不断证明,热衷于创新是工匠们推动社会发展和科技进步的重要动力。不仅包括科技专家,也包括千千万万的劳动者,他们用钻劲、闯劲、干劲让工匠精神与时俱进,让美好生活触手可及。

3.2 新时代工匠精神的价值意蕴

作为一种价值取向与精神理念,工匠精神孕育于中华优秀传统文化,意蕴悠长。随着时代的发展与技术的进步,工匠精神也在新的历史条件下展现出广阔的发展前景。当前,无论是根植于我国社会的现实还是着眼于未来发展的方向,工匠精神的存在都是必然且必要的,它的价值意蕴是由其内在的价值属性和外在的价值导向两个方面共同决定的。

3.2.1 内在的价值属性:工匠精神始终是在寻求"人"自身力量的确证

首先,工匠精神是对劳动实践观的凝练。工匠不是抽象的人,而是现实的人,是从事物质资料生产的人。按照唯物史观的观点,正是劳动实践成就了人,这是人所必需的生存方式。马克思积极肯定黑格尔所说,现实的人是"他自己的劳动的结果"这一观点,并指出:"个人怎样表现自己的生活,他们自己就是怎样。因此,他们是什么样的,这同他们的生产是一致的——既和他们生产什么一致,又和他们怎样生产一致。"这就与工匠精神所强调的将劳动过程与劳动结果尽善尽美的要求相契合。在机器大工业的生产方式下,人们的劳动逐渐沦为程序化的操作,成为社会生产复杂体系中的一环,由此很难正确认知自身的劳动价值,更难收获实践过程中的情感满足。工匠精神的存续,在一定意义上让劳动的价值重新回归于人自身。工匠精神的内涵,表现在用心无旁骛、潜心专注的工作理念引导劳动者享受自身职业,明确角色定位,严肃认真地对待每一个细节,视过程如结果。工匠精神的价值一旦被接受,就会激发劳动者的自觉性、自为性和能动性,从而在劳动实践中寻求真善美。

其次,工匠精神体现对劳动异化的超越。异化劳动是工业文明时代产生的一个重要哲学

范畴，揭示了在资本主义制度下剥削、奴役、压迫人的劳动形式，将本属于人的生命活动扭曲为控制、压榨人的工具。马克思在《神圣家庭，或对批判的批判所做的批判》中描述了这种“无法再回避的、无法再掩饰的、绝对不可抗拒的贫困”，有学者将其总结为“哲学家们批判流水线和机器对劳动的切割、对人的异化”。而今天，人们可以自由自主地选择所从事的劳动，在实践的过程中追求美、塑造美、欣赏美，彰显人的超越性。工匠精神以热爱、专注、慎独、坚守为基本特征，引导劳动者精心打磨每一个零部件，赋予产品生命与灵魂。工匠精神将人的参与度发挥得淋漓尽致，突破传统对待体力智力的束缚，超越重复性、机械性的劳作，在创造性的实践中重塑劳动的意义，促进劳动解放。

最后，工匠精神追求人的自由全面发展。当人们谈到优秀的工匠时，总是与别出心裁、独具一格、自由创造的形象联系起来，这种自由、创造的工匠精神与马克思所追求的人的自由全面发展具有内在的一致性。马克思主义经典作家所追求的劳动是能够激发人的才能与力量、具有高度创造性的自我实现活动。他们认为，劳动是积极的、创造性的生产活动，是“自由的生命表现，因此是生活的乐趣”。时代与实践给予个人成才成长的空间与机遇，随着多元化多样性的需求日益增长，人们不再拘泥于单调乏味的工作和生活，转而去寻求人性化个性化的存在方式。工匠精神在与现实的对话中获得了新的生命，这为工匠事业的发展提供了前所未有的契机。“历史的辩证法是神奇的，它让后现代的智能化生产登场，把机器生产引向手工劳动时代的某些理念。”工匠精神的伦理价值帮助人们去摆脱精神压迫感，在主体对象化于客体的过程中，自觉寻找自身的本质力量与内在价值。

3.2.2 外在的价值导向：工匠精神真实地反映出时代风貌与现实需求

首先，工匠精神是促进个人全面发展的客观要求。工匠作为现实的人，必然存在于特定的社会历史条件之下，“在其现实性上，它是一切社会关系的总和”，因而工匠的实践活动也必然会被社会环境所要求。

其次，工匠精神是营造良好社会风气的重要途径。工匠精神是爱国主义精神的具体反映，呈现出社会主义核心价值观的诉求。工匠精神的弘扬与实践有助于尊重知识、尊重劳动、尊重创新的社会风气的养成。工匠精神的发育程度是由社会经济发展的程度所决定的，社会经济发展的质量受到工匠精神的影响。

最后，国家发展、民族复兴呼唤工匠精神的回归。弘扬工匠精神的背后蕴含着国家发展、民族复兴的宏大主题，既契合时代发展的诉求，又具有深刻的现实针对性。当前，世界百年未有之大变局加速演进，中华民族伟大复兴进入关键时期。经过改革开放 40 多年的发展，我国经济转向高质量发展阶段，中国已经建成了门类齐全、独立完整的产业体系。但仍需认识到，在全球竞争愈发激烈的今天，要想从“制造大国”向“制造强国”迈进，完成高端产业链升级，最终成功实现“中国制造 2025”战略目标，亟待将技术背后的价值伦理与人文关怀融入强国品牌建设之中。中国制造的前行必然呼唤工匠精神的回归。

3.3 新时代大学生如何践行工匠精神

3.3.1 怀匠心

匠心，即能工巧匠之心，它是指精巧、精妙的心思，本质上就是创新之心。匠心是工匠精神的第一位要素，是工匠精神的核心价值和灵魂。新时代大学生应怀持匠心，生成匠意、匠思、匠智，培养自身创新精神和创新品格，这是工匠精神培养的首要任务。

3.3.2 铸匠魂

工匠之才是由工匠之德统领的，工匠之德是工匠精神的统领与根本，是工匠精神的内涵和灵魂。培养工匠精神必须铸匠魂、立匠德。新时代大学生应将劳模精神和工匠精神相结合，培养自身的职业道德、职业精神、职业素养。要搜集和整理具有育人效应的大国工匠、大师劳模的成长案例，做到眼中有标杆、心中有榜样、效学有依托，真正成为追寻大师、德技双修的人。

3.3.3 守匠情

守匠情，即怀持和坚守工匠情怀，这种情怀内在地包含了人的价值取向和职业态度，是工匠精神的重要组成部分。工匠情怀包括热爱情怀、敬畏情怀、家国情怀、担当情怀、卓越情怀等。这些情怀在大国工匠、非遗大师身上都有突出体现。培养学生的工匠精神，就是要培养他们崇高的家国情怀、职业的敬畏情怀、负责的担当情怀、精益的卓越情怀，学习大国工匠身上的这些优秀品质，树立正确的价值观和职业观，这样才能真正得大师真传、汲精神滋养，将自己磨砺锻造成大写的人。

【拓展阅读】

智能制造之工匠精神——追求极致 精益求精

“70后”的傅祥从南京技师学院毕业后，进入熊猫集团负责钳工机加工、晶片分选机的安装和调试工作。他从基础操作学起，不断提升钳工理论水平，锤炼实操技能，专注钳工岗位20余年，参与了各种型号卫星通信天线的研发和生产，获得了“全国技术能手”“江苏省企业首席技师”“大国工匠”“南京工匠”等多项荣誉。

“我觉得一个人一辈子可以做成很多件事，但把一件事用一辈子做好却很难，因为这需要有足够的耐性和细心。成功了不能浮躁，失败了不能气馁，在这反复的成功与失败之间，才能成就一代匠人。”在傅祥看来，工匠精神不仅是追求极致，还要不断创新。他安装的船载卫星天线上有一个组成部件叫汇流环，由于长期依赖进口，经常会受到供应商的掣肘，严重影响企业科研生产任务的正常进行。为了克服这一瓶颈，傅祥带领团队成员开始攻关，经过了3个多月的刻苦攻关，终于开发出了新型汇流环，当年就为公司节约200多万元的成本，并且拥有自主知识产权，打破了国外产品的垄断。

随着制造业智能化的升级改造，傅祥认为智能制造大大节约了能源、人力、物力等资源，从而带来更高的生产效率。

对于制造业智能化过程中为什么还需要工匠精神，傅祥有着自己的理解：“智能制造和‘工匠精神’是一个相互关联的整体，‘工匠精神’不仅可使智能产品更专业、质量更精细，而且还有助于产业转型升级。”傅祥坚信，在大力推广智能制造的同时，“工匠精神”作为制造业的软实力,必定会促进制造企业的自主创新。

自1987年进入熊猫集团从事无线电焊接工作,翟惠敏已经工作了32年,她一步步成长,从一名技术“小白”成为一名无线电焊接专家,并先后获得“全国技术能手”“全国三八红旗手”“江苏工匠”“江苏省企业首席技师”等称号。

“我的工作就是与一个个精密元器件打交道,把它们一个个根据设计图纸焊接在印制板上。”翟惠敏告诉大家,这个工作需要精工细作,有的元器件不到芝麻大,有些元器件之间的距离只有0.3毫米,与一根头发丝差不多,并且整个印制板的焊接点成千上万,焊不好就会黏在一起。这种精密焊接组装工作,是一份经验积累的工作,需要心、手、眼的高度配合,更需要的是“工匠精神”。

在翟惠敏心里,工匠精神是精益求精、持之以恒、爱岗敬业、守正创新,要具备专注、坚守、耐心、淡然、创新以及不断突破自我的优良品质。她坚信只有“勤”,才会有成果。她向大家介绍:有一次在焊接一种进口的微波可调电容时,她发现损坏率接近35%,由于该电容器用量大、价格高、采购周期长,直接影响交货进度。于是她查阅有关参数,反复实验,把焊接温度从320 ℃降到290 ℃,焊接时间也缩短到2秒,最终优化了操作方法,合格率一下子提高到99.8%。

近年来,伴随着电子产品的高集成化,器件也由直插件到贴片件,焊接方式也从传统的手工焊接转变为先进的自动化焊接,这大大降低了人工成本,提高了生产效率。但翟惠敏认为,手工焊接并不会完全被代替,样板及维修还需要手工操作。

翟惠敏说:“在智能化生产使用设备的操作过程中,由于智能化生产系统更加复杂,其实对操作人员的能力要求更高了,操作人员只有把设备参数设置到最佳状态,才能制造出高品质的‘精品’”。

3.4 “三种精神”之间的辩证关系

从“三种精神”产生的主体来看,劳模精神来自劳模群体,劳动精神来自劳动者群体,工匠精神来自工匠群体,所以其精神内涵是有差异的,具有各自的特殊性。同时,尽管主体不同,但无论是劳模还是工匠,其首先都是劳动者的一员,因此“三种精神”的内涵应有其相通之处,也就是具有普遍性。一言以概之,无论是劳模精神还是工匠精神,其精神的原初基因都是来源于劳动精神;甚至可以说,劳模精神和工匠精神,其本质上也是一种劳动精神,是劳动精神向更高层次、更高阶段的发展和跃升。

从“三种精神”的逻辑关系来看,其涵盖了劳动精神的不同发展阶段。劳动精神可分为三种层次。第一层次是劳动精神的初级阶段,这个阶段作为一个合格的劳动者应该具备某种精神特征,即“崇尚劳动、热爱劳动、辛勤劳动、诚实劳动”,也就是具备想干、爱干、苦干、实干的基本劳动素养。第二层次是劳动精神的中级阶段,这个阶段作为一个专业的劳动者,也就是工匠应该具备某种精神特征,即“执着专注、精益求精、一丝不苟、追求卓越”,也就是具备“懂技术、会创新”的专业劳动素养。第三层次是劳动精神的高级阶段,这个阶段作为一个模范的劳动者,也就是劳模应该具备某种精神特征,即“爱岗敬业、争创一流,艰苦奋斗、勇于创新,淡泊名利、甘于奉献”，也就是具备“有理想守信念、懂技术会创新、敢担当讲奉献”的卓越劳动素养；也就是说，劳模精神除了具备基本劳动素养和专业劳动素养之外，还要兼具价值性劳动素养，也就是具有信仰坚定、胸怀全局、担当奉献、引领示范等精神品质。所以，“三种精神”分别代表着劳动精神的初级阶段、中级阶段、高级阶段，“三种精神”之间的关系应该是初级阶段、中级阶段、高级阶段之间的关系。

从“三种精神”的价值导向来看，劳模精神具有政治性、引领性、示范性、全面性，工匠精神具有专业性、技术性、专注性、严谨性，劳动精神则具有普遍性、广泛性、基础性。实际上，对于劳动者而言，从劳动精神到工匠精神再到劳模精神的发展阶段，就意味着从一个合格的劳动者到专业的劳动者再到楷模型的劳动者的发展过程，也即劳动精神（合格的劳动者）—工匠精神（专业的劳动者）—劳模精神（楷模型的劳动者）。同时，在这一过程中，也完成了“崇尚劳动—热爱劳动—辛勤劳动—诚实劳动—持续性劳动—科学劳动—创造性劳动—完美劳动—引领性劳动—幸福劳动”的劳动理论与劳动实践的跃升。

3.5 拓展活动：细赏民间艺术，传承工匠精神

1. 阅读资料

请同学们阅读下面这段介绍杨柳青年画的文字，感受民间艺术的魅力和其制作过程中包含的工匠精神，并谈一谈自己的体会。

杨柳青年画（图 2-21），全称“杨柳青木版年画”，属于木版印绘制品，是著名的中国民间木版年画之一，与苏州桃花坞年画并称“南桃北柳”。2006 年 5 月 20 日，杨柳青年画经中华人民共和国国务院批准列入第一批国家级非物质文化遗产名录。

图 2-21 天津杨柳青年画

杨柳青木版年画继承了中国古代绘画的艺术传统，采用木版套印与手工彩绘相结合的方法，分为勾、刻、印、绘、裱五大工序，这每一道工序都极大地考验着手艺人的创作力和技巧。制作年画的手工艺者会在木板上雕刻出画面线纹，用墨印在纸上，经过两三次单色版印刷，再由画师来填绘。印刷和绘画两种不同的创作方式一齐汇集在一幅年画上，两种艺术相得益彰，从不会让人有违和之感。

2. 参观实践

请同学们利用课余时间赏析当地的民间艺术博物馆，如果有机会可以自己动手体验一下原汁原味的传统民间艺术，感受不同民间艺术的独特魅力和劳动者制作过程中传承的工匠精神，并将你的收获和体会整理在下面的劳动成果展示表中。

劳动成果展示表

<table>
<tr><td>活动名称</td><td colspan="5"></td></tr>
<tr><td>活动类别</td><td colspan="5"></td></tr>
<tr><td>个人姓名</td><td colspan="2"></td><td>班级</td><td colspan="2"></td></tr>
<tr><td>团队成员</td><td colspan="5"></td></tr>
<tr><td rowspan="7">劳动成果展示</td><td>艺术形式</td><td>从事的工作</td><td>特点</td><td>制作工序</td><td>收获和体会</td></tr>
<tr><td></td><td></td><td></td><td></td><td rowspan="6"></td></tr>
<tr><td></td><td></td><td></td><td></td></tr>
<tr><td></td><td></td><td></td><td></td></tr>
<tr><td></td><td></td><td></td><td></td></tr>
<tr><td></td><td></td><td></td><td></td></tr>
<tr><td></td><td></td><td></td><td></td></tr>
</table>

主题实践活动二：采访劳动模范，感受平凡中的伟大

1. 活动主题

采访劳动模范，感受平凡中的伟大。

2. 活动宗旨

通过本次实践活动，学习劳动模范身上的可贵品质，用劳模精神践行大学生的责任与担当。

3. 活动时间

建议 2 周。

4. 参加人员

授课班级学生。

5. 活动内容

（1）分组采访

全体同学分组，采访身边劳动模范的光荣事迹。根据访谈情况，参考下表填写实践活动记录表。

实践活动记录表(访谈记录)

访谈时间		访谈地点	
访谈方式	□当面采访　□电话采访　□网络采访		
访谈人		被访谈人	
被访谈人简介			
访谈内容			
收获和体会	签名：　　　　年　月　日		

(2)交流总结

小组分别进行交流讨论,利用记录的文字和拍摄的采访照片制作劳模事迹宣传视频,并填写成果展示记录表。

成果展示记录表

活动主题			
访谈人		被访谈人	
活动成果照片	此处插入访谈期间的拍摄照片,每张照片配注释		
劳模事迹宣传视频介绍	列举制作劳模事迹宣传视频数量,且每个视频做简要的介绍		

（3）汇报评选

小组代表进行采访活动汇报，评选最佳活动小组，评选标准参考如下活动成效评价表。

活动成效评价表

<table>
<tr><td>组别</td><td colspan="2"></td><td>班级</td><td colspan="2"></td></tr>
<tr><td>成员</td><td colspan="5"></td></tr>
<tr><td>活动小组完成效果多方评价（满分 20 分）</td><td colspan="4">评价要求</td><td>得分</td></tr>
<tr><td>自我评价（5 分）</td><td colspan="4" rowspan="3">1. 考勤表现，参与活动的积极性高，认真投入，能积极学习相关的知识和技能；
2. 团队成员能虚心听取他人的评价，不断进行自我反省，发现问题及时更正；
3. 团队成员分工合理，配合高效，业绩突出</td><td></td></tr>
<tr><td>其他团队评价（5 分）</td><td></td></tr>
<tr><td>教师评价（10 分）</td><td></td></tr>
<tr><td colspan="6">活动完成效果成绩汇总</td></tr>
<tr><td>评价内容</td><td colspan="3">评价要求</td><td>赋分</td><td>得分</td></tr>
<tr><td>活动完成过程</td><td colspan="3">按照要求完成实践活动记录表的填写；
团队凝聚力强，按时完成活动内容</td><td>40</td><td></td></tr>
<tr><td>活动成果</td><td colspan="3">按照要求完成成果展示记录表的填写；
成果照片和视频数量和质量完成度高</td><td>40</td><td></td></tr>
<tr><td>活动小组完成效果多方评价</td><td colspan="3">按照上面的活动小组完成效果多方评价标准执行</td><td>20</td><td></td></tr>
</table>

【参考文献】

[1] 赵宇飞. 工匠精神的内涵、价值与培育探析 [J]. 中共杭州市委党校学报，2020（3）：76-82.

[2] 韩喜平，郝婧智. 关于劳模精神、劳动精神、工匠精神内涵的规律性阐释 [J]. 思想理论研究，2021（12）：41-46.

[3] 彭维锋. 新时代劳模精神、劳动精神、工匠精神的理论内涵与实践导向 [J]. 江西社会科学，2021（5）：208-217.

[4] 张文，谭路. 新时代职业教育工匠精神的新内涵、价值及培育对策 [J]. 教育与职业，2020（7）：73-80.

[5] 何云峰，李晓霞. 劳动精神的四个层次及其辩证关系 [J]. 湖南科技大学学报（社会科学版），2022，25（1）：84-89.

[6] 张祝平. 劳模精神与工匠精神的内涵、传承及其弘扬路径 [J]. 学习论坛，2019（6）：27-32.

专题三　劳动创造未来

【开篇语】

幸福源自劳动，梦想起于实干。劳动创造了中华民族，造就了中华民族的辉煌历史，也必将创造中华民族的光明未来。了解劳动的形态与变迁，掌握劳动的职业与发展规律，才能更好地展望劳动与未来。全社会都要牢固树立劳动最光荣、劳动最崇高、劳动最伟大、劳动最美丽的观念，通过诚实劳动，为实现中华民族伟大复兴贡献力量。

【学习目的和要求】

通过本专题学习，要求学生了解劳动的形态与变迁，掌握劳动的职业与发展规律，展望劳动与未来，树立劳动最光荣、劳动最崇高、劳动最伟大、劳动最美丽的观念，崇尚劳动，通过劳动创造更加美好的生活。

模块1　劳动的形态与变迁

1.1　劳动形态变迁

扫一扫：劳动形态的变迁

劳动是人类社会生存和发展的基础，劳动在历史上一共经历了4个发展阶段，每个阶段都有其特定的形态。第一，原始社会阶段，劳动与人类的休闲、睡觉、玩乐浑然一体，是一种自发状态；第二，农业社会阶段，劳动获得独立品格，并有了繁杂的社会功能；第三，工业社会阶段，劳动组织化，并有了符号价值；第四，消费社会阶段，劳动符号化，并有了自我再制功能。

任何一种社会都有3个方面的需要：物质基础、组织基础和价值基础。物质基础指一个社会运行和维持所需要的物质财富；组织基础指社会必须以一种有效的方式组织其成员共同活动；价值基础指社会必须创造出一种价值上的等级区别体系，这个体系建构了人们的世界观和人生哲学。

1.1.1　原始社会阶段

世界各地都有原始社会，形式多样。有些以狩猎和采集经济为主，有些则以渔业为主，还有些以简单的自然农业为主，部落组织是某些原始社会的特征，但是并非所有的原始社会都有这一特征。根据文化进化论者的学说，有些原始社会保持着平均主义的性质，但另一些则已经逐步变成等级制度的社会，并进而发展成酋长领地，其组织形式更为复杂。

原始劳动的结合方式主要是简单协作，人们之间的分工主要是按性别、年龄实行的自然分工。人们因单身无力同自然界进行斗争，为谋取生活资源必须共同劳动，从而决定了生产资料的共同占有。同时，人们在劳动中只能是平等的互助合作关系，产品归社会全体成员共同占有，实行平均分配。

原始劳动具有单一性与单纯性的特征。所谓“单一性”，是指劳动没有深入而具体的分工（只有简单的分工，如狩猎、采集）。而“单纯性”则指劳动仅仅只是一种生产生活必需品的活动，它尚没有附带上其他的价值区分（如等级划分）。这种单一性和单纯性的劳动形态，决定了劳动功能的简单性。

原始性的劳动，其功能只是满足社会的物质要求，而不肩负任何的文化使命，组织基础和价值基础只是通过人际交往和宗教仪式来建立的，几乎与原始劳动不发生关系。它单一、单纯，也空洞、无力，它无力组织起社会，也无力控制人们的思想。

1.1.2　农业社会阶段

劳动在产生之初是自发的，人们在不知不觉中进行劳动。进入阶级社会后，劳动则完全成为一种自觉，从人们自然状态的生活中独立出来，成为人类一种特殊的活动。这个变迁始于农耕，完成于国家制度的建立。农业社会的经济以农业为主。农业社会的农业是指原始农牧业，称为第一层次的农业。原始农牧业是以人力、畜力为动力，以简单的手工农具为设备，靠天吃饭的农牧业。当时的手工业如手工纺织、制陶、打铁、铸铜等是工业社会的雏形。18 世纪以前的几千年，人类社会都处于农业社会。

自此，劳动完全失去了其原始状态的自然性，而被体验为一种特殊的活动，它彻底与人们的休闲、吃饭、睡觉、玩耍区分开来，不再是散漫、休闲、不经意的活动，而变成了被强制的劳作。形态上的变化必将引起功能上的变化。首先，劳动需要满足一个社会的物质要求，而且是更多的物质要求。更具体地说，是体力劳动为整个社会提供了物质基础。在原始社会，一个社会的物质基础仅仅是每个人生活所需消费品的简单总和。但在文明社会，物质基础除了这一部分外，还必须加上有闲阶级的奢侈品、复杂的国家机构（官僚机构）所需之财物、集体活动（如战争）所需之财物以及公共物品（水利系统、道路、桥梁等）等。

国家的成立促使劳动分化成体力劳动与脑力劳动：下层阶级从事体力劳动，他们的任务是维持人们生存所必需的物质资料（衣食住行），或者是为统治阶级提供服务。上层阶级则进行脑力劳动，他们管理与组织劳动。劳动此时不再单一与单纯，它不但被分工，还被打上了高低贵贱的印记，从而成为社会地位的重要标识。

1.1.3　工业社会阶段

工业社会是继农业社会或传统社会之后的社会发展阶段。有时又称现代社会。以轻工业为主的是工业社会前期；以重工业为主的是工业社会后期。从时间上看大约是蒸汽机出现之后到 20 世纪七八十年代电子信息技术广泛应用之前。工业社会以经济增长为轴心，同经过加工的自然界竞争，机器是资源，是社会的统治人物。

工业社会与农业社会的最大不同，就是社会由以农业生产为主导变为以工业生产为主导。而此时劳动的形态也发生了根本性的变化：由以家庭为单位的零散型、个体型的劳作，转向一种有组织的作业。这就意味着劳动成为一种被严格组织起来的有纪律约束的活动。在原始社会必需的劳动是以一种“可有可无的形态”表现出来的；而在工业社会本来“可有可无的劳动”

却表现为“必需品”的形态，而且是在一种强制性力量操纵下进行的，这种状态必然要导致劳动性质的根本性改变。

劳动效率在这个时代得到突飞猛进的发展。随着劳动形态的变化，劳动功能也发生了深刻的革命，劳动仍然拥有创造物质产品的功能，同时它组织社会力量的功能也大大地增强了。

1.1.4 消费社会阶段

消费社会的标志是第三产业的崛起。从事第三产业的人数逐渐超过从事第一、第二产业的人数，社会便开始改变了原初的工业性质，而走向以消费为主导的社会。人的劳动越来越脱离最直接的物质生产，而转向符号生产。到此劳动的性质发生了根本性的改变，它不再是生产性的，或是为生产服务，而是一种受薪活动。

实际上他们的劳动与“物质生产”已没有本质上的联系。这是一种更为深刻的异化：工业时代的异化仅仅是劳动者与其产品的异化，而消费社会则扩展到了劳动产品与物质的异化。劳动在这个时代已经被彻底符号化了，它脱离了任何与物质沾边的东西。市场需求的不是商品的物质外表，而是在其内部的符号与区分的编码。这种编码只具有一种符号上的价值——它令人觉得高人一等。

一句话，消费社会的劳动产品不是物质财富，而是“符号”。劳动生产的符号是通过消费来表达的。消费既在消耗劳动，也在制造劳动。消费社会中的劳动最终获得了符号生产的功能，它建立了今天社会的价值体系，并且通过消费进行“自我再制”。于是，在这种自我再制的一次又一次的循环中，“劳动”不断发展壮大。

简言之，劳动是一个动态的概念，它从单一与单纯发展到工种与等级的高度划分，从物质生产到符号生产，从“产品目标”到“自我再制”，这是一个推进人类物质文明的过程，也是“劳动”自身完善的过程。

【拓展阅读】

中国传说中，原始社会经历了有巢氏、燧人氏、伏羲氏、神农氏等时代。后来的炎帝和黄帝成为共主，黄帝是 4 000 多年前，生活在黄河流域原始部落的部落联盟首领。他提倡种植五谷、驯养牲畜，促使这个部落联盟逐步强大。他曾率领部落打败了黄河上游的炎帝部落和南方的蚩尤部落。后来炎帝部落和黄帝部落结成联盟，在黄河流域长期生活、繁衍，构成了以后华夏族的主干成分。黄帝被尊奉为华夏族的祖先。

黄帝以后，黄河流域部落联盟的杰出首领先后有尧、舜、禹。那时候，部落联盟首领由推选产生。尧年老了，召开部落联盟会议，大家推举有才德的舜为继承人。尧死后，舜继承了尧的位置，舜年老了，也采取同样的办法把位置让给治水有功的禹。这种更替首领位置的办法，历史上叫做“禅让”。

中国是世界上进行农业生产最早的地区之一，也是主要的农作物起源中心之一。许多重要的农作物如稻、粟、黍、大豆、大麻，经济林木如茶、漆等，都是中国首先栽培的。中国在原始时代畜牧业已有发展，已驯养了猪、狗、羊、牛、马、鸡等六畜，它们的野生祖先在中国绝大多数地区都可以找到。中国是最早养蚕缫丝的国家。

中国大多数地区的原始农业以种植业为主，南方多种稻，北方多种粟、黍；家畜饲养处于次要的辅助地位，一般以养猪为主；采集和渔猎仍是获取生活资料的重要手段，形成农牧采猎相结合的格局。北部和西部以牧养马、牛、羊为主的游牧部落形成较晚。这种情况以及古史传说都表明：中国是从采集经济直接进入农业经济的，其间没有经历畜牧业经济阶段。

1.2 第一次工业革命到第四次工业革命时代的劳动形态

工业革命共划分成 4 个阶段，分别是以蒸汽机技术为代表的第一次工业革命、以电力技术为代表的第二次工业革命、以信息技术为代表的第三次工业革命以及以物理融合系统为代表的第四次工业革命。为了便于理解和表述，我们把第一次和第二次工业革命的机器大工业生产时期合称为工业时代；第三次工业革命时期称为信息时代；第四次工业革命以人工智能技术为代表，该时期称作人工智能时代。

工业革命源自 18 世纪 60 年代英国的蒸汽机技术革命，这次深刻的社会变革用机器生产代替了手工劳动，产生了现代意义上的工厂和以劳动作为主要收入来源的劳动者阶层。1864 年英国推出的《工厂法》，作为现代劳动法的萌芽和雏形首次规定了基本的劳动条件。

第一次工业革命时期的劳动形态具有如下特点：劳动者的工作时间很长；雇主提供全部生产资料和生产工具；劳动者完全为了生存而劳动；劳动者的可替代性强；劳动报酬低，仅以满足生活需要为限；雇主承担所有经营风险并享有全部经营收益。总之，在这一阶段，雇佣劳动的从属性极强。

第二次工业革命起源于 19 世纪初的电力技术创新，资本主义生产的社会化大大加强，垄断组织应运而生。第二次工业革命后的标准劳动形态具有如下特点：雇主占有劳动者的工作时间；雇主提供生产资料和生产工具；劳动者的生活和工作分离；劳动者的可替代性强；劳动报酬具有明显的有偿性；雇主承担所有经营风险并享有全部经营收益；雇佣劳动的从属性受到劳动法律对时间、地点和内容的限制。

第三次工业革命是信息革命。其以互联网技术的应用为引导，使服务业首先在发达国家中逐渐替代了工业的经济统治地位。这个时期的劳动形态主要有：劳动时间灵活的非全日制用工，劳动地点灵活性的远程劳动；突破单一雇主限制的兼职劳动、派遣劳动、外包劳动、委任劳动等；从属性弱化甚至消失的自雇型劳动、家庭工、个体经营、合伙经营等。

第四次工业革命是人工智能革命。随着人工智能时代的到来，从弱人工智能到强人工智能，科技发展的速度越来越快，以摩尔定律和指数增长的爆炸性速度取得技术突破。人工智能时代具有数据驱动的特点，社会呈扁平化、去中心化等特征。个人财富不仅是通过劳动取得的物质生活资料，还包括劳动过程中的体验积累。未来人机协同工作将成为一种常态，机器人负责需要效率的工作，而人类更适合从事艺术、哲学等创造性工作。

上述人工智能时代特征会继续推动劳动形态的持续创新和深度演化，反映在劳动关系的表现要素上，主要包括：劳动者不再受劳动时间或地点的限制；对于非集团化劳动而言，原有的指挥监督只局限在劳动成果的交付上；劳动工具和生产资料的占有呈现去中心化的特征，生产资料和劳动工具可以不再由雇主提供；劳动者承担更多的经营风险并获得收益。这些劳动从属性持续弱化的发展现实，给传统的从属性劳动理论带来了极大冲击和挑战。

1.3 人工智能时代的劳动形态

人工智能时代的劳动形态的特点和发展趋势可以概况为以下几个方面:第一,以普遍性的自主劳动为终极目标;第二,过渡性的劳动形态大量存在;第三,劳动过程与消费过程的界限模糊化;第四,经济垄断普遍化与劳动形态原子化同时并存。

1.3.1 以普遍性的自主劳动为终极目标

马克思说,劳动把人与动物区别开来,这是人的本质属性。这里所称的"劳动"是社会学意义上的广义"劳动",我们可能终生需要这样的劳动,但不一定必须要有一份工作。人人有工作的社会状态是在工业化革命以后才出现的,这种有工作的"劳动"是在契约平等基础上从属于他人的劳动,从工业时代的大规模雇佣劳动,到信息时代的非典型劳动,劳动形态从简入繁,从属性关系由紧到松,经历了一个从单一到多元的演化过程。

我们把劳动视作实现某种价值的手段,劳动创造价值,才是劳动的意义所在。人类自由意志的存在让我们有了平等的起点,也使人类个体产生了不同的价值需求。在工业革命早期,雇佣劳动是以基本生存为目的的,但如今劳动已经成为有价值、有尊严生活的组成部分。实现人人平等,就要尊重个人对价值的不同选择,对人生赋予不同的个体意义。比如,远程劳动使从业者享有工作场所的自由,共享劳动使从业者享有工作时间的自由。在人工智能时代,独立、个性化、创造性的自主劳动将逐渐占据主导地位,成为普遍形态。

1.3.2 过渡性的劳动形态大量存在

在社会大变迁的背景之下,人工智能时代的社会变革提速,社会流动加剧,劳动形态因此会持续演化。一部分工作消失,又有新的工作形式被创设;工作内容、工作方式也在不断进化;受雇和自雇状态之间的转换将更普遍、更自由。人工智能极大地提高了劳动生产率,人类的劳动时间将持续减少,这种整体"认知盈余"一方面促进了劳动形态的演化,另一方面又加快了社会变革的速度。因此,劳动的变动将成为一种常态,使社会上充斥大量的过渡性的劳动形态。

1.3.3 劳动过程与消费过程的界限模糊化

人工智能促使社会生产力高度发达,物质条件极大丰富,人们很容易迷失在纷繁复杂的消费选择中。新产品上市后,第一批消费者需要花费精力对产品或者性能作出选择并体验。而这种体验可以给后来的消费者作参考,具备参考价值并由此成为一种劳动形式,从而把劳动属性融入消费过程当中,使劳动过程和消费过程的界限变得模糊。

比如,体验师作为一种新型职业,近年来在旅馆、餐饮等服务行业十分活跃。虽然这种体验师职业被融入宣传和广告因素,但体验师履行合约、接受一定的管理并获取酬金,具有从属劳动的特征。虽然这种体验师或定制师目前只有零星的岗位需求,尚未形成普遍性的职业,但随着人工智能时代的发展,人们的效用倾向会多元共生,对体验或定制的需求将变得非常广泛。另外,在某些人工智能的专业领域,定制和选择的过程会非常复杂,这就使体验师专业的知识和独特的消费经验具备了市场价值。而体验师的专业性越是不可代替,其消费和定制的过程就越具有劳动特征。

1.3.4 经济垄断普遍化与劳动形态原子化同时并存

人工智能的研究和应用需要投入大量的资金和技术，这种投入可能在相当长的时期内没有回报。持续和追加的投入又进一步加大了投资规模，这种资金门槛，结合市场竞争残酷的过滤机制，使那些具有垄断力量的组织可以靠资本的优势来主导人工智能技术。同时，人工智能时代由于劳动形态向自主劳动发展，从而加剧了劳动形态的原子化。过去是标准劳动关系占主导地位，未来非典型劳动关系或将代替标准劳动关系的主导地位。智能时代的“去集中化”使集团劳动大大减少，也加大了劳动的原子化趋势。

【拓展阅读】

三百六十行，行行出状元

“三百六十行，行行出状元”，这句话在中国可谓家喻户晓、妇孺皆知。其意是说，无论从事什么行业，都能作出成绩，成为这一行的专家、能人。

所谓“三百六十行”，即是指各行各业的行当，也就是社会的工种。我国社会的分工大概在春秋战国时代已经基本完成。关于行业，自唐代开始就有三十六行的记载。其中的“行”，最早似乎是指街巷所设的贩卖摊和商店的行列。此外，街巷也可以称“行”，在一条街上，往往会开设同类店铺，因此同种职业也称为“行”、同行，如“冶铁行”“织锦行”等。同职业的店铺间产生一种组织，所以“行”也指同类店铺的组织，“行”也指行会。唐代的“行”，已非单纯的区域组织，而主要是同业的组织。“行”也由原先的行列、街巷的称谓衍变成行业协会、职业、行当的专称。

宋人周辉在《清波杂志》一书中曾将“三十六行”记为：肉肆行、鲜鱼行、海味行、米行、酱料行、花果行、宫粉行、酒行、茶行、汤店行、药肆行、柴行、棺木行、丝绸行、成衣行、顾绣行、针线行、皮革行、扎作行、故旧行、仵作行、网古行、鼓乐行、杂耍行、彩与行、珠宝行、玉石行、文房行、纸行、用具行、竹木行、铁器行、陶土行、花纱行、驿传行、巫行。

随着农业、手工业的发展，新的行业不断出现，而且各行各业的分工也越来越细化，人们又将“三十六行”扩大为“七十二行”。明代田汝成在《西湖游览志余》中提到杭州有“三百六十行”，可见，随着社会的发展和社会分工的精细化，至少在明代，“三百六十行”之说就已经出现了。清人徐珂在《清稗类钞》中说：三十六行者，种种职业也。就其分工而约计之，曰三十六行；倍之，则为七十二行；十之，则为三百六十行；皆就成数而言。

另有一说，“三百六十行，行行出状元”，这则谚语源自一个民间故事。传说宋神宗元丰年间（公元 1078—1085 年）有个名叫叶元清的新科状元，他得知自己幸运夺得榜首后，欣喜若狂，谢过皇恩后，穿上皇帝亲赐的衣冠，骑着披着彩绸红花的骏马，带着侍从，威风凛凛地回乡。一路上，所有的乡民都争相观望状元爷的风采，使得他神气飞扬。正当他得意之时，恰走到一处较为狭窄的路段，只见一卖柴的樵夫挑着柴担，不慌不忙地在前面走着。樵夫听见后面梆梆作响的声音，丝毫没有避让的意思。随从大声呵斥樵夫，令其让路。谁知樵夫不仅不听，还放下柴担，挡住去路大声道：“新科状元不就是仗着会舞文弄墨吗？有啥了不起的！要不是咱家里穷，从小没钱上学读书，说不定也能考中状元咧。”说罢，竟旁若无人地坐在柴担上擦起汗来。叶状元大怒，下了马，快步逼近樵夫，用马鞭指着樵夫的鼻子问道：“你虽无钱读书，但做一行熟一行，倘若你真是聪明，那么就把你会的本事露两手出来给我看看。”樵夫应道：“我是砍柴的，我的本领就是劈柴。你可以随便挑一截木柴，不管什么角度，我都能按照你的要求把它劈开。”状元一听，立即命侍从找来一根歪七扭八的木柴，放在路中间，又让侍从在木柴中间画了一条线，然后让樵夫按线把木柴劈开。路人见状都涌了过来，一时间狭窄的道路上挤满了人。只见樵夫不慌不忙地对着木柴左右瞧了一下，眼睛眯了眯，然后抡起板斧，“嗨”的一声，刀落处，木柴按黑线一分为二。众人拍手叫绝，把这个新科状元也看呆了。

恰在此时，又走过来一个卖油郎，嚷着说：“这有什么了不起的，如果我是樵夫，我也能这样！”叶元清一听，就说：“好！我买你一斤九两油，但得用手倒。”随后，便叫侍从取来一个大的葫芦，口子只有两三厘米，叫卖油郎往里面装油。卖油翁接过葫芦，又在葫芦口放了一个铜板，拿起油桶便倒。只见油如同一根线一样落入钱眼中，称一称，除去葫芦本身的重量，刚好一斤九两油。

状元看了之后，叹了口气说：“真是三十六行，行行出状元啊！”

后来，人们又把三十六行改为三百六十行，就成了我们现在说的“三百六十行，行行出状元”了。其实古代行业的分工绝不止“三百六十行”，如今分工更加细化，其行业或职业之多几乎无法统计。只不过习惯成自然，说起来方便，听起来顺耳，行业还是笼统地称“三百六十行”。

就当代而论，“三百六十行，行行出状元”，用来形容各行各业都有杰出的人才，告诫人们不要妄自尊大，目空一切；与此同时，它也可用来提醒有自卑意识的人不要妄自菲薄，要相信自己能在平凡的工作岗位上取得卓越的成就！

1.4 拓展活动：中国古代《百工图》展现的职业百态

扫一扫：古代职业

清乾隆年间，皇帝颁旨，命宫廷画师绘制长卷《百工图》，内容囊括了当时社会上的各行各业的生活状态，是一部记录社会民生的百科全书，被称为清代的《清明上河图》。

2009 年，在河北省蔚县西合营镇夏源村一处财神庙内，文物考察人员发现了一组保存非常完整的清代《百工图》壁画（图 3-1）。该财神庙始建于清代初年，根据调查确定财神庙东、西配殿在同治年间经过重修，《百工图》壁画应该是在这次重修时绘制的。

在东、西配殿的南北山墙上，壁画为四行四列分布，高 2.2 米，宽 2 米，每面墙绘制 16 幅，长、宽各 50 厘米，共有 64 幅图，均以墨线相隔。右上角有榜题，内容有首饰楼、成衣局、仁义当、生药店、书籍斋、弓箭铺、银钱局、柳器店、酒缸行、读书林、剃头房、切烟铺、哑医堂、粟粮店，还有兑换金银、高唱古词、专理音乐、烟火炮铺、顽童要货、描绘丹青、脂肉俱全等。绘画以榜题为内容，人物形象绘制生动，很好地体现了当时的市井生活。

图 3-1　蔚县夏源村关帝庙壁画《百工图》(局部)

下面请同学们填写以下表格，分享你对中国古代《百工图》的感悟。

劳动成果展示表

活动名称			
活动类别			
个人姓名		班级	
团队成员			

续表

劳动成果展示	感悟中国古代《百工图》

模块 2　劳动的职业与发展

2.1　劳动关系的变迁

2.1.1　改革开放前的劳动关系

扫一扫：劳动关系的变迁

劳动关系是指劳动者和用人单位之间，依照劳动法律建立的以提供劳动和给付报酬为主要内容的法律关系。随着我国社会经济体制的不断发展变革，劳动关系也随之发生了相应的变迁。

众所周知，新中国成立后国民经济开始恢复与发展，首先要解决的是社会最突出的吃饭、就业问题。从 1950 年起政务院规定劳动力的供给与需求由劳动介绍所统一介绍。企业要雇佣员工，需向劳动介绍所申请，由劳动介绍所统一介绍。随着经济的发展，企业对劳动力需求增多，政务院又提出劳动力的全国统一招收，把每年新增劳动力包下来，然后统一分配到企业，逐步形成了统包统分的劳动用工制度，即固定工制度。

在生产资料私有制社会主义改造完成后，我国社会主义制度正式建立，所有制形式是公有制，实行的是高度集中的计划经济模式，与这一模式相适应的劳动关系也带有浓厚的计划经济色彩。受经济体制、社会制度和政策的严格制约，劳动关系也充分体现了这一时期的特点，就是要展现社会主义制度的优越性和工人阶级的主人翁地位。这一时期采用统包统配的方式，劳动者和用人单位建立了固定式、终身制的劳动关系。

生产资料社会主义改造完成后，全国固定工占职工总数的 91%，从此出现了中国“从一而终”式的“终身制”的劳动关系。对劳动者来说，从新中国成立以来的教育、文化和思想道德等方面的发展来说，适应了这种“终身制”劳动关系。可以说从 20 世纪 50 年代中后期开始，一直到 20 世纪 80 年代中后期，劳动者对这种全社会范围内的“单一化”劳动关系很习惯，也很依赖。

在他们成长为劳动者时，他们对工作的向往就是当一名“固定工”。有了固定的工作，也就乘上了这班车，可以一直到终点。因为这班车的劳动关系主体一方用人单位的经济性质为全民所有制或带全民性质的劳动群众集体所有制，非公有的劳动关系不存在。劳动者是全民所有制固定工身份的职工。而短期工、临时工劳动者心里也期待，在不久将被转为固定工。

劳动者只有等待分配工作，在分配工作前被称为“待业”。在这一时期，国家下达用工指标，用人单位无权自行招用劳动力，劳动者无权择业。劳动者有了固定身份后，工资、福利等都由国家统一制定、统一调整，劳动者无权对工资、福利提出要求。用人单位主要是监督和协调劳动者完成任务。劳动关系不是我们从定义上所理解的劳动者和用人单位的关系，而是劳动者、企业、国家三方的关系。

劳动者形式上是与企业的关系，实质上是劳动者与国家的关系。由于就业统分统配，工资平均吃“大锅饭”，生老病死都有各项劳动保险和福利制度，劳动者彼此生活没有差异，所以劳动者都在“当一天和尚撞一天钟”，人的价值没有发挥出来。

劳动者在劳动中没有主体身份，只有计划指标，职工对国家是依赖关系。从用人单位与劳动者建立关系开始，就是由国家指令性计划来实现的，没有劳动者的流动，劳动者也崇尚“从一而终”，满足于这种“安稳”。从领导者的观念上看，在计划经济条件下，一切按计划，由上到下，管理和用人方法单一，劳动者是“国家职工”，劳动关系归属国家。

从其对生产发展的影响上看，积极的方面是其在新中国成立之初对国家的安全、恢复经济建设的意义不可低估；消极的方面是其有碍人的价值发挥，对经济发展有不利的影响。在这种劳动者无权要求劳动条件、工资待遇，一切由行政手段来决定，用人单位也无权介入，只有执行命令的情况下，劳动者能力的发挥只靠精神力量来实现，仿佛不需要用物质基础作保障。平均主义、“大锅饭”使人没有了求新求好的热情，对积极性、创造性的发挥起抑制作用，同时极大地影响了社会经济的发展和进步。

2.1.2 改革开放以后劳动关系的变化

从党的十一届三中全会开始，中国实行改革开放，逐步由计划经济进入市场经济。从指导思想上打破了传统的计划经济，逐步建立起以市场配置资源的市场经济体制，劳动关系也随之发生了变化，在社会主义市场经济条件下，劳动者或劳动力所有者与劳动力的使用者（包括政府企业或雇佣组织）在实现劳动的过程中所结成的一种社会关系，其性质是双重的，既是一种经济利益关系，又是一种人身关系；既有横向的平等合作性质，又有纵向的隶属关系。随着所有制的调整，计划经济条件下的公有制变为以公有制为主体多种所有制形式共同发展，推进了国有经济产权制度的改革，建立了现代企业制度，实现了劳动力的市场化等。此举打破了“国家职工”和固定工的限制，在各种所有制下建立起适合经济体制改革的灵活、松散和多重的劳动关系，彻底改变了统分统配的劳动用工制度。

改革开放最初十年是扩权让利，企业有了招工、工资、福利、奖罚等权力。20 世纪 80 年代末至 90 年代初，经济体制改革的主要思路是政企分开，所有权经营权分离，实行承包责任制，企业实行劳动合同制，企业拥有招工权，也拥有依法确立、变更、终止或解除职工劳动关系的自主权。这一时期实现了全员劳动合同,固定工制度终结,劳动关系在性质上发生变化,由国家作为经济利益一体化的劳动关系,变为劳动力供求双方独立利益主体的雇佣劳动关系。政府行政手段控制变为以用人单位为主体的市场机制调节。劳动关系归属企业化和劳动关系规范契约化,劳资双方权利和利益迅速分化,矛盾纠纷严重且利益冲突不断加剧。在这种关系中劳动者处于弱势,劳动者在这种变化中,要从身心上有一个全新的适应过程,由等待、服从的就业心态到自主竞争就业。起初劳动者被动接受劳动关系的变化,心里茫然、失落,不能面对现实,而在劳动关系建立时没有一定的维权意识。

从 20 世纪 90 年代中后期以来,经济体制改革的重点是建立现代企业制度,劳动用工的统分统配终结,劳动者自主择业,逐步打破地域和城乡的限制。随着改革的深入,国有企业减人增效,下岗分流,兼并破产,大批国有企业职工下岗失业。劳动就业从计划分配过渡到市场调节,劳动者自主就业,市场调节就业,政府促进就业,逐步形成以市场为导向的就业机制。

同时在市场原则的指导下,对于养老、失业、医疗、工伤和生育的保险制度也逐步建立和完善起来。劳动者成为劳动力市场的供给主体,企业(用人单位)成为劳动力市场的需求主体,劳动用工制度逐步形成双向选择,而且逐步建立了"市场机制决定,企业自主分配、政府监督调控"的工资体制。在国家宏观调控下,还要充分发挥劳动力市场对企业工资的基础性调节作用,如行业的最低工资、最高工资等参考意见等。

工资分配制度的改革和完善必然会推动劳动关系的市场化和劳动双方不同主体的利益分化,政府的干预对社会稳定起到至关重要的作用。这一时期是劳动关系法制化和国际化。尤其是在 1995 年颁布生效的《中华人民共和国劳动法》,促使我国劳动关系调整上走上了法制化轨道。劳动关系由劳动法调整,并且对就业工资、休息休假、安全、卫生、保险等进行立法,初步规范了劳动关系的劳动标准体系,并对不同形态的劳动关系进行调整。

加入 WTO 后,中国成为全球化下国际资本和跨国公司的世界工厂,劳动关系的国际化趋势明显。跨国性的生产和跨国的劳动用工,出现了特殊的劳资关系,供求双方的协调和争议等问题带有国际性特点。同时这种劳动关系由于发生在中国本土,受中国国家政治、法律和社会行为规范的制约,而在劳工标准上、维权上,又受国际标准的影响。我国签署了《经济、社会和文化权利国际公约》《公民权利和政治权利国际化公约》。这也表明国际劳工标准对于中国劳动关系调整的影响和作用日益明显。

在这种形势下,劳动者随着自身素质的提高和法治意识的增强,逐步树立了竞争意识、自立自信。在劳动关系中对自身的地位及法律意识开始有积极和自觉的行为。在劳动关系契约的签署中,劳动者不是盲目地就工作而工作,对自己的权利有了依法维护的意识。而且与工会组织、国家劳动仲裁调解机构和法律部门联系密切而广泛。由于资本家是全球的,劳工是地方的,劳动关系出现新矛盾与新特点。

在市场经济发展和完善的过程中,对资方(和管理者)而言,其在劳动关系中的作用日益重要。过去资方(和管理者)在生产过程中是管理工人,采用的是家长制领导、粗放式管理,认为"人是生产产品的工具"。而随着经济的发展和社会的进步,劳动者素质有了很大的提高,管理者也转向科学、合理、法制的管理方法,在管理过程中强调文化、民主和科学。同时管理者自身也有了变化，人常道“千里马易求，伯乐难寻”，管理者对“没有雇员，就没有老板”有了新的体会。企业在发展中逐步降低和缓解劳资双方的矛盾，形成老板爱护员工、员工支持企业的和谐劳动关系。政府由作主转为发挥管理和调解的作用，目的是使公平、公正最大限度得以实现。

劳动关系变化也对生产产生了影响。一方面，劳动关系促进了经济发展，在社会中树立了共赢、分享的观念，企业管理者更注重利用人力资本创造效益，促进了人的价值实现和经济效益的提高；另一方面，劳资双方的矛盾也对社会和谐稳定带来一些不利的影响。

2.2 劳动职业的变迁

职业是随着人类社会进步和劳动分工而产生和发展起来的，是社会生产力发展和科技进步的结果。科技发展水平是影响社会职业构成的一个重要因素，在社会职业的变迁中发挥着举足轻重的作用。改革开放之初，我国的职业体系主要以“工、农、兵、学、商”为主。随着科学技术的革新、社会的发展，一些昔日的热门职业已经消失或正在濒临消亡，而有些传统的职业内容出现细分和升级，不少新职业不断涌现，新的职业体系在细化与新生中得以重构。

扫一扫：劳动职业的变迁

2.2.1 20世纪80年代

20世纪80年代，改革开放掀起了个体化浪潮，为人民带来了财富。在全国人均月收入在60~100元内缓慢增长的这个年代，驾驶员的收入是普通单位职工的两倍甚至更多，出租车驾驶员的月收入更高达2 000~3 000元。华南师范大学公共管理学院讲师张国英曾在分析职业变迁的原因时提到，城市化带来的人口集中、生活方式变革等促进了公共事业的发展，也创造了就业机会。而出租车司机恰恰属于城市化带来的一种职业。“物以稀为贵”，中国就业促进会原副会长、北京大学中国职业研究所所长陈宇认为，20世纪80年代，改革开放刚刚开始，汽车十分稀有。作为首都的北京，也只有首汽一家公司设有出租车业务，因此司机也非常少见。乘客以外国人为主，挣外汇的出租车驾驶员自然挣得就比一般人多一些。在当时，成为一名司机，无论是开出租车还是大货车，都是一份不错的职业。而与驾驶员职业相似，电视机、收音机亦是稀有物，于是播音员、电影放映员也是非常令人羡慕的职业。在改革开放的大潮之下，不仅是出租车司机，个体户、私营企业主也如雨后春笋般应运而生。《中国青年报》在20世纪80年代的一项调查显示，当时最受人们欢迎的职业前三名分别是出租车司机、个体户和厨师，倒数前三名则分别是科学家、医生和教师。

2.2.2 20世纪90年代

1992年，邓小平视察南方并发表重要讲话，把改革开放和现代化建设推向新阶段。于是“下海”成了继“个体户”之后，这个时代职业的最响亮的词汇。当时热播的电视剧《我爱我家》中就生动地描绘了当时国有企业减员增效、机关分流和公务员下海的情景。电视剧中，贾志国的单位成立了一个下属的三产公司，要把一批机关冗余人员分流到三产公司中，自负盈亏，运用的政策则是“停薪留职”。

"停薪留职"这一政策极大地激发了公务员拥抱市场经济的积极性,于是大批拥有编制的知识分子开始经商。据统计,仅1992年一年就有12万公务员辞职从商,并有1 000万公务员停薪留职。

20世纪90年代,与"下海"同样流行的是去外企工作。得益于对外开放,深圳、厦门这些改革开放的前沿城市有了外资的注入。在年轻人眼里,外企工作体面,薪酬待遇好,但符合外企条件的人才并不多,在外企工作的人一时间成了年轻人争相效仿的对象。曾在外企工作的李琴说:"收入差别大的感受是真真切切的,在90年代,一家外资酒店服务员的工资可能是普通酒店服务员工资的5至6倍。"外资企业的进入,使得金融等行业快速发展起来,热门行业由此变成了海关、外企、金融(银行、证券、保险)、税务等。

从计划经济转向市场经济的20世纪90年代,经济高速发展,大量企业如雨后春笋般诞生,但囿于当时的大学并未扩招,高等教育人才严重供给不足,人才的供不应求助推了技术人员的工资和福利待遇飞速提升。而毕业于名牌高校的本科、硕士、博士甚至留学生,则成了企业人才的热门来源。毕业后的大学生们,直接进入企业,在高档写字楼里办公,而"白领"似乎也成了某种时尚的代称。

20世纪90年代的"白领热",驱使许多年轻人走上了"读高中考大学"的求学之路,迅速提升了全民的文化水平。而无须做大量体力劳动的"白领"们不断丰富着我国的职业类型,也带来了时尚、精致、新潮的生活方式。

2.2.3 21世纪头十年

扫一扫:当代职业

2000年,中国迎来了计算机普及的第三次高潮。随着计算机硬件成本的不断走低,购买能力不再是个人电脑普及的障碍,自此,个人电脑走进了千家万户,计算机知识也逐渐成为当代文化的一部分。人们开始意识到,不会使用计算机的人将成为互联网信息时代的"文盲"。

与此同时,程序员这种职业已成为新千年中国职业变化的又一个里程碑式的标志。有专家在接受采访时表示,程序员这种职业的出现与发展,体现了新技术对劳动力市场的巨大冲击。程序员王振众则认为,"程序员的发展只是中国产业发展的一个缩影,未来程序员这个职业会愈发庞大,这代表了一种趋势,市场越细分,所需的人才越多"。

21世纪头十年,与程序员同样火爆的是电商行业。互联网产业的发展开启了电子商务的宏伟征程。1999年, QQ还叫做QICQ,发E-mail还是一件稀奇事,听过电子商务的人更是凤毛麟角,仅靠互联网生存无异于鲁滨孙荒岛求生。与如今已经渗入人们衣食住行方方面面的电子商务相比,那时的电商不仅给人们的生活带来了便利,更开启了互联网与现实生活深度融合的先河。在这巨大变化的背后,是阿里巴巴、淘宝、京东、卓越、小米、当当、凡客等众多电商的迅速崛起。

电商企业的高速发展,使21世纪初的职业产生了或多或少的变革,从通信、媒体、游戏、视频、音乐、旅游、餐饮、商业、金融,到教育、医疗等行业,无数传统职业被"互联网改造",十年间呈现出“互联网社会”的“全新面貌”。在互联网的蓬勃发展的大背景下，IT 工程师、IC 设计师、IT 审计师、电子商务师、注册会计师、金融分析师、国际商务师、职业经理人、人力资源经理、项目管理师、商务策划师、职业培训师、证券经纪人、保险经纪人等职业，都成了新世纪最初十年里最热门的职业。

华南师范大学公共管理学院教师张国英曾在采访时说：“随着人类社会的发展，人们的需求日异多样化，伴随着产业结构的高级化，职业结构也向着高级化发展，如金融、物流、咨询；与人们的精神文化生活密切相关的影视、文化、教育培训产业也蓬勃发展；生活服务业呈现多样化趋势，与健康、美丽、养老有关的行业欣欣向荣；‘互联网＋’时代也改变了许多行业和职业，创造力显得更加可贵。”

2.2.4 21 世纪 10 年代

时间进入 21 世纪 10 年代，金融和 IT 行业的丰厚收入，带动了各高校相关专业的火爆，应届毕业生趋之若骛，毕业生起薪最高的接近 20 000 元 / 月。国家统计局数据显示，在 2016 年，年均工资最高的 3 个行业分别是信息传输、软件和信息技术服务业，金融业，科学研究和技术服务业，分别为全国平均水平的 1.81 倍、1.74 倍、1.43 倍。国内某大型求职网站数据显示，毕业生期望就业的三大类行业依次为：IT、互联网、通信、电子，金融、银行投资、基金、证券、保险，政府、公共事业、非营利机构。

除此之外，随着经济快速发展，生活日新月异，一批新兴职业也应运而生。如旅游体验师、宠物美容师、农场经理人、网络直播等新职业，越来越多区别于传统职业的新兴工种服务着不断升级的市场需求，也成就人们多元的职业选择。

2.3 新兴职业

2.3.1 新兴职业的特点

2019 年 4 月 1 日，中华人民共和国人力资源和社会保障部、国家市场监督管理总局、国家统计局正式向社会发布了人工智能工程技术人员、物联网工程技术人员、大数据工程技术人员、云计算工程技术人员、数字化管理师、建筑信息模型技术员、电子竞技运营师、电子竞技员、无人机驾驶员、农业经理人、物联网安装调试员、工业机器人系统操作员、工业机器人系统运维员 13 个新职业信息。这是自 2015 年版国家职业分类大典颁布以来发布的首批新职业，是由人力资源和社会保障部组织职业分类专家，严格按照新职业评审标准和程序，从有关申报单位提交的新职业建议中评选出来，经公示广泛征求社会各界意见后确定的。

首批新职业主要集中在高新技术领域，具有以下几个特点。

一是产业结构的升级催生高端专业技术类新职业。当前，我国经济已由高速增长阶段转向高质量发展阶段，这对劳动者的科学文化素质和能力水平提出了新的要求。近几年，随着我国人工智能、物联网、大数据和云计算的广泛运用，与此相关的高新技术产业成为我国经济新的增长点，对从业人员的需求大幅增长，形成相对稳定的从业人群。人工智能工程技术人员、物联网工程技术人员、大数据工程技术人员和云计算工程技术人员 4 个专业技术类新职业应运而生。这些新职业属高新技术产业，以较高的专业技术知识和能力为支撑，从业人员普遍具有较高学历。

二是科技提升引发传统职业变迁。随着新兴技术的采用,传统的第一、第二产业越来越智能化。工业机器人替代生产流水线上简单劳动力的做法在部分地区得到推广,与机器人相关的生产、服务和培训企业蓬勃发展。工业机器人的大量使用,对工业机器人系统操作员和系统运维员的需求剧增,使其成为现代工业生产一线的新兴职业。随着无人机技术的成熟,利用无人机完成一些人类难以完成的高难险和有毒有害工作成为可能,通过无人机可以进行植保、测绘、摄影、高压线缆和农林巡视,无人机在物流等领域也拥有广阔的应用空间。大量无人机的使用,使无人机驾驶员成为名副其实的新兴职业。

三是信息化的广泛应用衍生新职业。信息化如同催化剂,使传统职业的职业活动内容发生变革,从而衍生出新职业,如数字化管理师、建筑信息模型技术员。随着物联网在办公、住宅等领域得到广泛应用,信息化与现代制造业深度结合,对物联网安装调试从业人员需求量激增。近几年,在国际赛事的推动下,基于计算机的竞技项目发展迅猛,电子竞技已成为巨大的新兴产业,电子竞技运营师和电子竞技员职业化势在必行。在农业领域,农民专业合作社等农业经济合作组织发展迅猛,从事农业生产组织、设备作业、技术支持、产品加工与销售等管理服务的人员需求旺盛,农业经理人应运而生。

2.3.2 新兴职业的类型

1. 人工智能工程技术人员

定义:从事与人工智能相关算法、深度学习等多种技术的分析、研究、开发,并对人工智能系统进行设计、优化、运维、管理和应用的工程技术人员。

主要工作任务:

(1)分析、研究人工智能算法、深度学习及神经网络等技术;

(2)研究、开发、应用人工智能指令、算法及技术;

(3)规划、设计、开发基于人工智能算法的芯片;

(4)研发、应用、优化语言识别、语义识别、图像识别、生物特征识别等人工智能技术;

(5)设计、集成、管理、部署人工智能软硬件系统;

(6)设计、开发人工智能系统解决方案;

(7)提供人工智能相关技术咨询和技术服务。

2. 物联网工程技术人员

定义:从事物联网架构、平台、芯片、传感器、智能标签等技术的研究和开发,以及物联网工程的设计、测试、维护、管理和服务的工程技术人员。

主要工作任务:

(1)研究、应用物联网技术、体系结构、协议和标准;

(2)研究、设计、开发物联网专用芯片及软硬件系统;

(3)规划、研究、设计物联网解决方案;

(4)规划、设计、集成、部署物联网系统并指导工程实施;

(5)安装、调测、维护并保障物联网系统的正常运行;

（6）监控、管理和保障物联网系统安全；

（7）提供物联网系统的技术咨询和技术支持。

3. 大数据工程技术人员

定义：从事大数据采集、清洗、分析、治理、挖掘等技术研究，并加以利用、管理、维护和服务的工程技术人员。

主要工作任务：

（1）研究和开发大数据采集、清洗、存储及管理、分析及挖掘、展现及应用等有关技术；

（2）研究、应用大数据平台体系架构、技术和标准；

（3）设计、开发、集成、测试大数据软硬件系统；

（4）大数据采集、清洗、建模与分析；

（5）管理、维护并保障大数据系统稳定运行；

（6）监控、管理和保障大数据安全；

（7）提供大数据的技术咨询和技术服务。

4. 云计算工程技术人员

定义：从事云计算技术研究，云系统构建、部署、运维，云资源管理、应用和服务的工程技术人员。

主要工作任务：

（1）开发虚拟化、云平台、云资源管理和分发等云计算技术，以及大规模数据管理、分布式数据存储等相关技术；

（2）研究、应用云计算技术、体系架构、协议和标准；

（3）规划、设计、开发、集成、部署云计算系统；

（4）管理、维护并保障云计算系统的稳定运行；

（5）监控、保障云计算系统安全；

（6）提供云计算系统的技术咨询和技术服务。

5. 数字化管理师

定义：使用数字化智能移动办公平台，进行企业或组织的人员架构搭建、运营流程维护、工作流协同、大数据决策分析、上下游在线化连接，实现企业经营管理在线化、数字化的人员。

主要工作任务：

（1）制定数字化办公软件推进计划和实施方案，搭建企业及组织的人员架构，进行扁平透明可视化管理；

（2）进行数字化办公模块的搭建和运转流程的维护，实现高效安全沟通；

（3）制定企业及组织工作流协同机制，进行知识经验的沉淀和共享；

（4）进行业务流程和业务行为的在线化，实现企业的大数据决策分析；

（5）打通企业和组织的上下游信息通道，实现组织在线、沟通在线、协同在线、业务在线，降低成本，提升生产、销售效率。

6. 建筑信息模型技术员

定义：利用计算机软件进行工程实践过程中的模拟建造，以改进其全过程中工程工序的技术人员。

主要工作任务：

（1）负责项目中建筑、结构、暖通、给排水、电气专业等建筑信息模型的搭建、复核、维护管理工作；

（2）协同其他专业建模，并做碰撞检查；

（3）通过室内外渲染、虚拟漫游、建筑动画、虚拟施工周期等，进行建筑信息模型可视化设计；

（4）施工管理及后期运维。

7. 电子竞技运营师

定义：在电竞产业从事组织活动及内容运营的人员。

主要工作任务：

（1）进行电竞活动的整体策划和概念规划，设计并制定活动方案；

（2）维护线上、线下媒体渠道关系，对电竞活动的主题、品牌进行宣传、推广、协调及监督；

（3）分析评估电竞活动商业价值，确定活动赞助权益，并拓展与赞助商、承办商的合作；

（4）协调电竞活动的各项资源，组织电竞活动；

（5）制作和发布电竞活动的音视频内容，并评估发布效果；

（6）对电竞活动进行总结报告，对相关档案进行管理。

8. 电子竞技员

定义：从事不同类型电子竞技项目比赛、陪练、体验及活动表演的人员。

主要工作任务：

（1）参加电子竞技项目比赛；

（2）进行专业化的电子竞技项目训练活动；

（3）收集和研究电竞战队动态、电竞游戏内容，提供专业的电竞数据分析；

（4）参与电竞游戏的设计和策划，体验电竞游戏并提出建议；

（5）参与电竞活动的表演。

9. 无人机驾驶员

定义：通过远程控制设备，操控无人机完成既定飞行任务的人员。

主要工作任务：

（1）安装、调试无人机电机、动力设备、桨叶及相应任务设备等；

（2）根据任务规划航线；

（3）根据飞行环境和气象条件校对飞行参数；

（4）操控无人机完成既定飞行任务；

（5）整理并分析采集的数据；

（6）评价飞行结果和工作效果；

（7）检查、维护、整理无人机及任务设备。

10. 农业经理人

定义：在农民专业合作社等农业经济合作组织中，从事农业生产组织、设备作业、技术支持、产品加工与销售等管理服务的人员。

主要工作任务：

（1）搜集和分析农产品供求、客户需求数据等信息；

（2）编制生产、服务经营方案和作业计划；

（3）调度生产、服务人员，安排生产或服务项目；

（4）指导生产、服务人员执行作业标准；

（5）疏通营销渠道，维护客户关系；

（6）组织产品加工、运输、营销；

（7）评估生产、服务绩效，争取资金支持。

11. 物联网安装调试员

定义：利用检测仪器和专用工具，安装、配置、调试物联网产品与设备的人员。

主要工作任务：

（1）检测物联网设备、感知模块、控制模块的质量；

（2）组装物联网设备及相关附件；

（3）连接物联网设备电路；

（4）建立物联网设备与设备、设备与网络的连接；

（5）调整设备安装距离，优化物联网网络布局；

（6）配置物联网网关和短距传输模块参数；

（7）预防和解决物联网产品和网络系统中的网络瘫痪、中断等事件，确保物联网产品及网络的正常运行。

12. 工业机器人系统操作员

定义：使用示教器、操作面板等人机交互设备及相关机械工具，对工业机器人、工业机器人工作站或系统进行装配、编程、调试、工艺参数更改、工装夹具更换及其他辅助作业的人员。

主要工作任务：

（1）按照工艺指导文件等相关文件的要求完成作业准备；

（2）按照装配图、电气图、工艺文件等相关文件的要求，使用工具、仪器等进行工业机器人工作站或系统装配；

（3）使用示教器、计算机、组态软件等相关软硬件工具，对工业机器人、可编程逻辑控制器、人机交互界面、电机等设备和视觉、位置等传感器进行程序编制、单元功能调试和生产联调；

（4）使用示教器、操作面板等人机交互设备，进行生产过程的参数设定与修改、菜单功能的选择与配置、程序的选择与切换；

（5）进行工业机器人系统工装夹具等装置的检查、确认、更换与复位；

（6）观察工业机器人工作站或系统的状态变化并做相应操作，遇到异常情况执行急停操作等；

（7）填写设备装调、操作等记录。

13. 工业机器人系统运维员

定义：使用工具、量具、检测仪器及设备，对工业机器人、工业机器人工作站或系统进行数据采集、状态监测、故障分析与诊断、维修及预防性维护与保养作业的人员。

主要工作任务：

（1）对工业机器人本体、末端执行器、周边装置等机械系统进行常规性检查、诊断；

（2）对工业机器人电控系统、驱动系统、电源及线路等电气系统进行常规性检查、诊断；

（3）根据维护保养手册，对工业机器人、工业机器人工作站或系统进行零位校准、防尘、更换电池、更换润滑油等维护保养；

（4）使用测量设备采集工业机器人、工业机器人工作站或系统运行参数、工作状态等数据，进行监测；

（5）对工业机器人工作站或系统的故障进行分析、诊断与维修；

（6）编制工业机器人系统运行维护、维修报告。

【拓展阅读】

中国职业分类

职业是参与社会分工，利用专门的知识和技能，为社会创造物质财富和精神财富，获取合理报酬，作为物质生活来源，并满足精神需求的工作。

社会分工是职业分类的依据。在分工体系的每一个环节上，劳动对象、劳动工具以及劳动的支出形式都各有特殊性，这种特殊性决定了各种职业之间的区别。

中国职业分类，根据中国不同部门公布的标准分类，主要有以下2种分类方式。

（1）根据其在社会分工体系中出现的先后顺序和与人类需要的紧迫程度的关系，社会劳动部门从行业上可分为一、二、三产业。

第一产业：农业（包括林业、牧业、渔业等）。

第二产业：工业（包括采掘业、制造业、自来水、电力、蒸汽、热水、煤气）和建筑业。

第三产业：除上述第一、第二产业以外的其他各业。

由于第三产业包括的行业众多、范围很广，根据我国实际情况，第三产业可分为两大部分：一是流通部门，二是服务部门，具体又可分为四个层次。

第一层次：流通部门，包括交通运输业、邮电通信业、商业饮食业、物资供应和仓储业。

第二层次：为生产和生活服务的部门，包括金融业、保险业、地质普查业、房地产、公用事业、居民服务业、旅游业、咨询信息服务业和各类技术服务业等。

第三层次：为提高科学文化水平和居民素质服务的部门，包括教育、文化，广播电视事业，科学研究事业，卫生、体育和社会福利事业等。

第四层次：为社会公共需要服务的部门，包括国家机关、政党机关、社会团体，以及军队和警察等。

(2)根据《中华人民共和国职业分类大典》,我国职业划分为由大到小、由粗到细的四个层次:大类(8个)、中类(66个)、小类(413个)、细类(1 838个)。细类为最小类别,亦即职业。

20世纪90年代中期,随着社会主义市场经济体制的逐步建立和科学技术的迅猛发展,我国的社会经济领域发生了重大变革,这对人力资源管理提出了新的要求。为此,国家提出要制定各种职业的资格标准和录用标准,实行学历文凭和职业资格两种证书制度。《中华人民共和国劳动法》中明确规定:"国家确定职业分类,对规定的职业制定职业技能标准,实行职业资格证书制度。"根据社会经济发展的需要,1995年2月,原劳动和社会保障部、国家统计局和原国家质量技术监督局联合中央各部委共同成立了国家职业分类大典和职业资格工作委员会,组织社会各界上千名专家,经过四年的艰苦努力,于1998年12月编制完成了《中华人民共和国职业分类大典》,并于1999年5月正式颁布实施。

其中8个大类分别如下。

第一大类:国家机关、党群组织、企业、事业单位负责人,其中包括5个中类,16个小类,25个细类;

第二大类:专业技术人员,其中包括14个中类,115个小类,379个细类;

第三大类:办事人员和有关人员,其中包括4个中类,12个小类,45个细类;

第四大类:商业、服务业人员,其中包括8个中类,43个小类,147个细类;

第五大类:农、林、牧、渔、水利业生产人员,其中包括6个中类,30个小类,121个细类;

第六大类:生产、运输设备操作人员及有关人员,其中包括27个中类,195个小类,1119个细类;

第七大类:军人,其中包括1个中类,1个小类,1个细类;

第八大类:不便分类的其他从业人员,其中包括1个中类,1个小类,1个细类。

从职业结构看,职业的分布有以下三个特点。

第一,技术型和技能型职业占主导。占实际职业总量的60.88%的职业分布在"生产、运输设备操作人员及有关人员"这一大类,它们分属我国工业生产的各个主要领域。从这类职业的工作内容分析,其特点是以技术型和技能型操作为主。

第二,第三产业职业比重较小,仅占实际职业总量的8%左右。三大产业中的职业分布,以第二产业的职业比重最大。

第三,知识型与高新技术型职业较少。现有职业结构中,属于知识型与高新技术型的职业数量不超过总量的3%。

为保证各地劳动力市场使用的职业分类与代码的科学和规范,有利于劳动力市场信息联网,原劳动和社会保障部在主持编纂《职业分类大典》的同时,根据重新修订的职业分类国家标准《职业分类与代码》(GB/T 6565—1999)和《职业分类大典》,制定了《劳动力市场职业分类与代码(LB501-1999)》,并于2002年进行了修改。新标准《劳动力市场职业分类与代码(LB501-2002)》分为6个大类,56个中类,236个小类,17个细类。

2.4 拓展活动:就业与创业辩论争霸赛

每到毕业季,都有不少大学生陷入迷茫,一方面是经济发展带来新旧交替的就业机会,另一方面是毫无规划、没有方向所带来的迷茫。

长久以来,我们对就业的理解过于肤浅,仅仅是停留在“找到”工作这一简单的层面,却缺乏综合评判与考量以及必要的思考,才使得就业困境的突破变得难上加难。如果跳出固有思维,并不是简单地基于找到工作的目的,而是从长远的角度、从规划的层面来思考,则能起到事半功倍的效果。

下面,请全体同学结合自己的职业向往分成两组,进行交流讨论。

劳动成果展示表

<table>
<tr><td>活动名称</td><td colspan="4"></td></tr>
<tr><td>活动类别</td><td colspan="4"></td></tr>
<tr><td>个人姓名</td><td colspan="2"></td><td>班级</td><td></td></tr>
<tr><td>团队成员</td><td colspan="4"></td></tr>
<tr><td rowspan="7">劳动成果展示</td><td>分组</td><td>题目</td><td colspan="2">辩论内容</td></tr>
<tr><td rowspan="3">第一组</td><td rowspan="3">明确方向,积极就业</td><td>一辩</td><td></td></tr>
<tr><td>二辩</td><td></td></tr>
<tr><td>三辩</td><td></td></tr>
<tr><td rowspan="3">第二组</td><td rowspan="3">坚定理想,认真创业</td><td>一辩</td><td></td></tr>
<tr><td>二辩</td><td></td></tr>
<tr><td>三辩</td><td></td></tr>
</table>

模块 3 劳动与未来

3.1 数字劳动

当今世界,由于大数据等网络信息技术的高速发展,人类从传统的机器大生产时代进入到智慧型数字化时代。伴随数字经济的蓬勃兴起,数字劳动也应运而生。

21 世纪是信息大爆炸的时代,与工业革命时期的大机器大工厂相比,今天的数字革命蕴藏着更为强大的力量,给人们的生活带来了翻天覆地的变化。当然,与之相伴而生的劳动形式,也变得更为先进和隐蔽。或者说,在数字经济时代,劳动模式已向隐形劳动的形式过渡。

对于数字劳动的具体概念的定义，许多学者有着自己的理解和阐释。福克斯认为，数字劳动包含信息通信技术行业价值链上涉及的所有种类的劳动。其认为数字劳动的含义可分为广义和狭义两方面：从广义上看，数字劳动指数字信息媒体技术和内容的生产加工处理中，资本积累所涉及的所有劳动。从狭义上看，数字劳动不仅包括了互联网世界中数字信息内容的加工生产和再创造与流通，还应包括社会文化生活中所涉及的数字型劳动与工作的所有形式。在福克斯看来，数字劳动的基础，涵盖劳动的主体、对象、工具以及产品的异化四个方面。除此之外，福克斯还对数字工作和数字劳动这两者的不同之处进行了分析：福克斯认为劳动者利用数字化的工具进行劳动即是数字工作；数字劳动则是数字工作的价值维度。

因此，可以说，数字劳动是数字经济时代下，网络使用者以数字化的知识和信息为生产资料并利用数字媒介技术，在网络范围内进行的生产性和非生产性的劳动，它是人本身的劳动形式在数字经济时代的新型表现。根据劳动过程特征差异性的大小，广义的数字劳动过程概括为以下四种表现形式：传统雇佣经济领域下的数字劳动过程；互联网平台零工经济中的数字劳动过程；数字资本公司技术工人的数字劳动过程；非雇佣形式的产销型的数字劳动过程。

3.1.1　传统雇佣经济领域下的数字劳动过程

传统雇佣经济领域下的劳动过程与生产过程进一步分离。工业革命发生后，劳动过程与生产过程开始分离，劳动者的动力职能和操作职能逐渐被机器取代。到了当今数字经济发展时代，借助于新兴数字技术的使用，企业已经可以将生产设备中的单个零部件、组件整合起来接入数字信息系统，从而获取生产设备的运行数据并对其生产状态进行监控。通过数字和人工智能的应用，企业还可以实现数据的自动分析处理。这代表着，随着数字信息技术的广泛应用，物质生产部门中的劳动过程与生产过程进一步分离。

3.1.2　互联网平台零工经济中的数字劳动过程

在数字互联网经济下，信息交流效率得到了显著的提升，劳动力市场中的供给方和需求方可以通过互联网信息技术进行实时匹配，突破了传统固定工作场所和特定工作时间的限制。

因此，大批公司企业从传统的“企业—员工”的劳动力组织模式向“平台—个人”的模式转变，并形成了一种新的零工经济。互联网平台零工经济中的数字劳动过程同传统的劳动过程相比有两个典型的变化。

（1）劳动者在决定工作时间和服务对象方面有了更高的自主选择权。在传统的劳动过程中，为了攫取更多的剩余价值，劳动者往往会被长时间地固定在劳动岗位之上。但是，在零工经济中的数字劳动过程中，劳动者是以一个独立生产者的身份参与平台，利用的生产资料也是劳动者个人所有的。

（2）具体固定地址的工厂消失了，平台零工的劳动者摆脱了计时制的工作模式，取而代之的是计件和业绩考评的薪酬结算方式。

3.1.3　数字资本公司技术工人的数字劳动过程

与传统的产业工人相比，数字资本公司技术工人的数字劳动过程有以下两个特点。

第一，与传统工业生产中的劳动者“去技术化”现象不同，数字资本公司里的技术工人与互联网技术紧密存在，不可分割，这意味着数字资本公司无法采用传统的管理控制模式来干预技术工人的数字劳动过程,而需要构建出新的生产劳动管理方式——虚拟团队。

第二,为了将工人的劳动能力转化为生产过程中的实际劳动,传统资本主义采用管理控制策略来降低劳动过程中的不确定性。在数字经济知识生产的过程中,不确定性问题的内核虽依然存在,但其发生的条件有了变化。在数字经济时代,创新成为数字资本公司发展的命脉,而且创新需要劳动者处于一个相对自由、平等的工作文化和环境当中。

3.1.4 非雇佣形式的产销型数字劳动过程

文化和技术劳动不仅仅是互联网工作的中心,也是后工业时代经济的普遍特征。以文化和技术劳动为中心的生产质疑了生产与消费、劳动与文化之间的固有差异。使得"具有奴役、痛苦和主从属性的劳动"与"个人潮流和社会自由的艺术表现"之间的界限被摧毁。

3.2 人工智能与未来职业

3.2.1 人工智能对劳动力就业的影响

技术进步影响就业是经济学研究的传统热门问题,学界已有的研究普遍认为,技术进步对就业的影响可划分为正向的创造效应和负向的替代效应。一方面,技术进步通过创造新的工作岗位,提高对非机器工作劳动力和高技能劳动力的需求,推动就业率的提升;另一方面,引入新技术将替代劳动力,导致失业率上升,产生替代效应。技术进步对就业的总体影响取决于创造效应和替代效应的相对大小。

1. 人工智能对劳动力就业的替代效应

在替代效应方面,人工智能对劳动力就业的影响与传统产业存在差异。

一方面,人工智能的发展将进一步降低资本价格,促使企业以资本替代劳动,这一机制与传统技术进步类似。有学者认为,企业选择应用计算机技术替代工人将显著降低生产成本,导致工业生产的计算机化进程不断加快,对劳动力就业产生显著的替代效应,这一机制在自动化程度较高的领域更加显著。阿西莫格鲁和雷斯特雷波通过构建人工智能对劳动力、工资与就业需求影响的框架,认为人工智能将从事以往由人工完成的工作,减少对劳动力的需求,劳动力就业与工资水平均会受到负面影响,产生替代效应。

另一方面,与传统技术进步不同,人工智能本身具有一定的认知、分析、统计能力,能够替代部分脑力劳动者。如布林约夫松和麦克菲提出,由于认知任务的自动化,新技术可能越来越多地发挥替代劳动力的作用,而非补充劳动力。

人工智能对劳动力就业的替代效应,为劳动力带来被替代的风险。研究发现,人工智能在三个领域对就业的替代效应更显著:一是简单重复的脑力劳动就业岗位;二是中等复杂且重复的脑力劳动就业岗位;三是体力与脑力相结合的就业岗位。

有学者认为,人工智能对就业的替代效应存在阶段性差异。人工智能等新技术发展初期,对就业的影响有限;随着人工智能的深入发展,机器人技术进入拓展期,对就业的影响开始突显,在诸多对中等技能劳动力需求量大的行业中,会计、审计、金融和保险业最先受到人工智能技术的冲击;长期内人工智能等技术将引发新一轮技术革命,将会对服务业劳动力带来替代效应。替代效应中,受影响最大的是以下三类行业:一是以身体检查、咨询服务为主的医疗业;二是教育和培训业，如基础课程教师、各类各级教育助理教师、行政人员等被取代率将会超过75%；三是养老行业，随着我国老龄化程度的加深，养老行业被人工智能取代的岗位将达到42%。

另有学者认为，人工智能对就业的替代效应并非都是相对低端的岗位，技能要求单一的程序性、常规性的工作都有可能被机器所取代，如数据处理、文案撰写、法律合同审查、审计、医疗图像检查等岗位，都存在被人工智能替代的风险。

2. 人工智能对劳动力就业的创造效应

人工智能的发展，除推动生产自动化程度提高、替代劳动力就业外，还将创造新的就业岗位，产生显著的创造效应。在机器设备具有比较优势的岗位，人工智能能够导致原来由劳动力执行的任务自动化，产生替代效应；但在劳动力具有比较优势的岗位，如非机器工作领域，人工智能将创造新的工作任务和工作岗位，产生就业创造效应。

阿西莫格鲁和雷斯特雷波认为，人工智能作为一个技术平台，将对生产的组织方式产生深远影响，在将以往由人工完成的工作自动化的同时，创造新的就业岗位。此外，人工智能的发展将填补已有就业岗位空缺，产生间接的创造效应。邓洲和黄娅娜认为，人工智能主要在三个领域填补就业岗位的空缺：一是脑力劳动强度大，由人类承担效率低的工作；二是超出人类感官和反应极限的，人类完全无法保障质量的工作；三是工作环境不容人类劳动者进入的工作。

人工智能对就业的间接影响大于直接影响，长期影响大于短期影响。虽然人工智能经常被宣传为就业的威胁，但是也填补了很多供给缺位的劳动岗位，起到完善整个经济链条、满足市场需求的作用，从而使得劳动者愿意且能够胜任的岗位得以存在。

3.2.2 人工智能对不同行业就业的影响

受人工智能的影响，劳动力的需求结构将发生变化，导致行业就业结构发生相应变化，表现为人工智能对就业的影响存在行业异质性。由于重复性、可程序化程度越强的工作岗位越容易被人工智能所替代，因而随着人工智能技术的发展，对从事具有重复性、可程序化的常规工作岗位的劳动力需求明显下降，而增加具有灵活性、创造性、复杂性等非常规工作岗位的劳动力需求，尤其是对脑力劳动力的需求将相对上升。

1. 人工智能的替代效应集中于传统产业

由于传统制造业和传统服务业位于产业链低端，产业本身具有较高的重复性和可替代性，且劳动生产率偏低，人工智能在这两类工作领域存在较大优势。因此，人工智能将以一个极高的生产效率冲击低端制造业和低端服务业，淘汰两类行业的就业人员，使第一产业、第二产业乃至第三产业中的低端行业就业人员面临技术性失业或技能型失业。其中，我国第二产业和第三产业中的传统行业是人工智能替代劳动力就业的重灾区。具体而言，低端制造业中生产、装备、库管、物流、检验人员都面临被人工智能替代的风险；低端服务业中餐饮住宿、批发零售、治安维护等行业岗位由于工作内容比较简单，偏重于体力活动，对劳动力专业技能要求不高，被人工智能替代的风险较高。

人工智能在制造业的替代效应已被研究证实。谢萌萌等利用2011—2017年制造业企业的面板数据，将人工智能与制造业的融合定义为“AI产业化”和“产业AI化”，采用双重差分方法,围绕人工智能对低技能就业比重的因果效应和传导机制展开实证分析,发现制造业企业利用人工智能技术显著降低了低技能的就业比重,表明人工智能将替代制造业低技能劳动力,减少该行业低技能劳动力的潜在就业机会。

2. 人工智能的创造效应集中于新兴产业与服务业

除在重复性工作领域替代人类劳动外,人工智能发展可增强人类感官、运动等能力,产生新的创造力和生产力,对劳动力就业产生创造效应,这一效应集中于高新技术产业和高端服务业。一方面,人工智能可有效促进无人驾驶、机器翻译、图像识别分析等行业的发展,提高此类行业对劳动力的需求,对劳动力就业产生显著的创造效应;另一方面,人工智能的发展将在服务业创造新的就业岗位。以电商行业为例,研究发现,在商品流通领域,人工智能带动了电商销售额总量和销售额同比增长率,在提高电商从业人员收入水平的同时对就业产生正向影响。

3. 人工智能的发展阶段对制造业和服务业就业的影响存在异质性

蔡啸和黄旭美利用面板门槛回归进行实证分析,研究发现,我国人工智能技术的使用显著降低了制造业的劳动力占比,当人工智能技术生产率增长幅度低于 0.028 2 时,人工智能技术使用每提升 1% 将减少 0.124% 的制造业就业占比;当人工智能技术生产率增长幅度超过 0.028 2 时,人工智能技术使用每提升 1% 将增加 0.179% 的制造业就业占比。这表明,人工智能的发展阶段决定了这一技术对劳动力就业所呈现的是替代效应还是创造效应。人工智能技术对制造业就业的替代效应会随着人工智能技术取得重大突破而发生反转,最终将促进制造业劳动力就业。人工智能短期内会对电商的就业带来一定的消极影响;但从长远来看,人工智能会带来电商行业整体经济效益的增长,为整个行业带来更多的就业机会。

3.3 拓展活动:感受未来科技

(1)请同学们阅读下面这段关于未来科技的文字,感受随着科技的不断发展与进步,科幻电影中的各种情节,终于即将变成现实的震撼,并谈一谈自己的体会。

● 能上网的隐形眼镜

科学家预测, 2030 年之前就可以实现隐形眼镜上网的技术。这种新型隐形眼镜可以透过其表面排列组合的 LED 在眼前形成各种图像,呈半透明状。人们可以带着这种隐形眼镜自由活动,上网眼一睁一闭就可以了,非常方便。

● 人体器官培育

科学家预测,人体器官培育已经有实现的可能。在未来若不幸遭遇车祸或疾病,人们都可以通过“人体器官商店”订购用自身细胞培育的备用器官。现在可以培育的已经有软骨、鼻子、耳朵皮肤和心脏瓣膜,在未来大约 5 年内,科学家还能够培育出肝脏。不同于现在的治疗方式,人们只需取出受损的器官,然后按照需要植入培育的新器官就可以治疗疾病,进而实现延长寿命的目的。

● 意志控制的读心术

这一技术的发明最早应用于中风瘫痪的病人,将芯片植入他们的大脑并同笔记本连接,让其用意志编辑电子邮件、玩视频游戏和上网。目前,加州大学的科学家还研发出了一个可以破解脑电波信号的电脑程序，识别出患者看到的特定影像，并探索将影像进行还原的可能性。

● 复活的灭绝动物

看过《侏罗纪世界》系列电影的人应该都对这项技术并不陌生，美国的科学家从已死亡的动物身上提取 DNA，并将 DNA 植入母牛卵细胞内，“复活”死亡动物。科学界目前的争议是，是否应该对灭绝动物进行复活，因为一不小心，电影情节就可能变成现实。

● 能理解人类语言的机器翻译

机器与人的区别就在于它拥有的始终不是人类的大脑，无法和人类一样思考、学习和交流。谷歌发布的谷歌助手现场能够用自动生成的语音与真人理发店店员或快餐厅接线员进行对话。甚至，谷歌助手还在对话中展现出了强大的纠错能力，针对英文不太好的接线员，每一次理解错误都能够被谷歌助手一一发现并纠正。

● 随心所欲的变形

自从《蚁人》上映的时候就掀起了一阵“变形热”，原来“忽大忽小”的逆天科技目前也是可行的。科学家制造出了与大头针针帽大小的电脑芯片并进行编程，根据既定电荷的不同有多种的组合方式，以此来改变物体的形状大小。科学家预测，在未来 40 年内，“变形”将成为一项普遍的技术。

● 战胜癌症的纳米粒子

目前战胜癌症还是一个不确定命题，但科学家认为，未来几百个癌细胞释放的蛋白质就能被安装在厕所内的 DNA 芯片识别出来，这样能将发现肿瘤的时间提前 10 年。同时，专家研制出的“纳米粒子”，可以作为一种微型分子像智能炸弹一样摧毁癌细胞，为战胜癌症提供了可能性。

● 现实的钢铁侠

《复仇者联盟》里，一个富二代完成通过电子改造让自己成了超级英雄，可以说是一半人一半机器。科学家预言，电子人会在 21 世纪 20 年代或 30 年代投入市场，如助听器、助视器、新陈代谢促进器、人造骨骼、人造肌肉、人造器官，甚至在不易被人发现的皮下植入电子脑都将成为可能。其中典型的外骨骼机器人也广泛应用于军事、工业等领域。

● 意识上传

对于人来说最难控制的就是个体意识，意识可以依附于一种载体，也就有可能依附于另外一种载体。《超验骇客》里面，强尼德普饰演的人工智能科学家威尔就是把自己的精神转入超级电脑。目前，神经生物学家现在已经掌握人工合成海马体的制造技术，可以将意识作为“数据”上传到大脑。

● 太空移民

担心地球上人太多？人类的太空计划已经指出了道路。在未来学派的哲学体系里，太空移民成为可能。大家都知道，如果人类来到金星，会因高温而融化掉；如果来到火星，则会被冻僵，因此科学家指出最行之有效的解决办法是升级人类身体的能力，也就是说不是把宇宙地球化，而是将人类宇宙化。所以科技发展如此快，100 年后我们有可能直接变成外星人。

（2）填写以下表格，分享你对未来科技的感悟。

劳动成果展示表

<table>
<tr><td>活动名称</td><td colspan="3"></td></tr>
<tr><td>活动类别</td><td colspan="3"></td></tr>
<tr><td>个人姓名</td><td></td><td>班级</td><td></td></tr>
<tr><td>团队成员</td><td colspan="3"></td></tr>
<tr><td rowspan="2">劳动成果展示</td><td colspan="3">感悟未来科技</td></tr>
<tr><td colspan="3"></td></tr>
</table>

主题实践活动三：家务整理术——断舍离

1. 活动主题

家务收纳与整理。

2. 活动宗旨

大家或许都有过以下困扰，如“衣柜衣服很多，要穿的那一件总是找不到”“厨房调味品摆放杂乱无章，仔细一看有不少过期产品”“书房的资料一摞又一摞，找起来很费劲”。其实这些问题都源于没有做好日常收纳与整理，导致人们不得不在乱糟糟的场所生活和工作，让人感觉心情烦躁。

因此，如果我们创建一个可以顺畅取放物品的收纳场所，安排出方便整理的收纳体系，那么家务劳动也会变成一件让人愉快的事情。

3. 活动时间

一周。

4. 活动实施方案

每次收纳整理，首先选择一个地方入手，如厨房、卧室、书房或储物柜等。保证每天利用2个小时左右的时间完成其中一个房间的整理，避免因一次性整理太多东西而产生负面情绪。接下来可以按照以下步骤来完成收纳整理。

（1）将房间或某一储物柜内的物品清理出来。如厨房，可将橱柜里的食品、调味品等物品摆放出来,以便一目了然地进行统计归纳。

(2)处理过期、临期或基本不使用的物品。将过期、临期物品收集,按照垃圾分类原理进行丢弃。对基本不使用的物品进行甄别,根据实际情况进行丢弃、捐赠等处理。

(3)整理分类。可将物品按照不同性质进行分类,如卧室衣物可按照季节薄厚进行分类整理;书房书籍材料可按照学科专业进行分类。

(4)决定放置位置。可按照以下原则进行归置:同类物品放置在一处;常用物品要放在易于取放,显眼的位置;设置一个固定位置专门存放容易随手放置的物品。

(5)收纳工具的使用。根据不同物品及房间的特点,合理选择不同的收纳工具。如柜子、抽屉、收纳袋、挂钩等。

(6)维持整洁状态。养成良好的生活习惯,每次用完东西都放回原处,保持舒适整洁的生活环境。

(7)分享劳动成果。可将自己的劳动过程以视频或照片的方式进行记录,并填写成果展示记录表。

成果展示记录表

活动主题	
成员	
活动成果照片	此处插入照片,每张照片配注释
劳动成果视频	此处插入视频,且每个视频做简要的介绍

（8）汇报评选

分组进行活动汇报，评选最佳活动个人，评选标准参考如下活动成效评价表。

活动成效评价表

组别		班级	
成员			
活动个人完成效果多方评价（满分20分）	评价要求		得分
自我评价（5分）	1. 收纳设计合理，具有可推广性； 2. 收纳效率高，效果显著； 3. 收纳整理过程中巧妙设计，物尽其用，体现环保节约理念		
其他人员评价（5分）			
教师评价（10分）			
活动完成效果成绩汇总			
评价内容	评价要求	赋分	得分
活动成果	按照要求完成成果展示记录表的填写； 成果照片和视频数量和质量完成度高	50	
活动个人完成效果多方评价	按照上面的活动小组完成效果多方评价标准执行	50	

【参考文献】

[1] 刘梦岳. 人类劳动形态与功能的三次大变迁——关于劳动演化史的研究 [J]. 山西大学学报（哲学社会科学版），2009，32（6）：29-34.

[2] 田思路，刘兆光. 人工智能时代劳动形态的演变与法律选择 [J]. 社会科学战线，2019（2）：212-221.

[3] 杨彦华. 浅析人对劳动关系变迁的适应性 [J]. 黑龙江史志，2009（7）：128-129.

[4] 吴梦鑫. 数字经济时代下数字劳动及未来展望 [J]. 科技风，2020（8）：72-73.

[5] 吴鼎铭，吕山. 数字劳动的未来图景与发展对策 [J]. 新闻与协作，2021（2）：29-35.

专题四　劳动创造幸福

【开篇语】

劳动是中华民族千百年来的行为倡导和传统美德。对劳动的肯定和赞美是中国传统文化的重要内容。史前时代就有诸多歌颂勤劳的神话，因勤劳能干而被尧封赏土地的后稷、因争取更多劳动时间而追逐太阳的夸父、因解救人类于漫长黑夜而辛勤钻木取火的燧人等，无一不在勉励人们要勤劳勇敢、自强不息。

劳动是古代人民创造生活和文明的基本力量和重要内核。中华儿女自强不息，用劳动创造了生活、创造了灿烂文化，在劳动中培养了互助和团结精神。劳动人民在用勤劳创造幸福生活的同时，又发挥聪明才智，创造了举世瞩目的灿烂文明，在建筑、科技、手工业、天文地理等诸多领域都取得了无可比拟的成就。万里长城、天文仪、龙门石窟、都江堰、大运河以及素纱襌衣、榫卯结构、记里鼓车等，无一不是凝聚劳动人民勤劳智慧的伟大成果。

【学习目的要求】

本专题从衣食住行4个方面阐释了美好生活需要劳动来创造的道理，使学生理解劳动对生活的意义；越是平凡岗位上的劳动者，越懂得劳动的无价与尊贵；从辛勤劳动、诚实劳动、创造性劳动等方面，倡导“劳动最光荣、劳动最崇高、劳动最伟大、劳动最美丽”的观念。

模块1　劳动让生活更美好

美好生活是人类孜孜以求的理想，从柏拉图的“理想国”，到马克思的“自由人的联合体”，反映的都是人类对美好生活的追求。新时代，中国社会的主要矛盾已经转化为“人民日益增长的美好生活需要和不平衡不充分的发展之间的矛盾”，人民希望过上“幼有所育、学有所教、劳有所得、病有所医、老有所养、住有所居、弱有所扶”的美好生活，希望生活有更多的获得感、幸福感、安全感。党始终把满足人民对美好生活需要作为治国理政的奋斗目标，不断解决发展的不平衡、不充分问题，为人民创造条件实现美好生活。对于每个人而言，美好生活不是等来的，不是靠来的，更不是别人恩赐施舍来的，而是自己奋斗出来的，靠辛勤劳动才能实现，正如习近平总书记所讲：“人世间的一切幸福都是要靠辛勤的劳动来创造的。”美好生活不是缥缈的空中楼阁，而是实实在在的生活，还是人在现实社会中对获得感和幸福感的满足。人离不开劳动，只有劳动才能成就美好生活。

劳动使猿变成人，从本质上使人区别于其他动物。由于自然环境等因素的变化，猿从树上来到地上，手和脚开始分工。劳动使手的功能越来越强大，使手成为“手”；劳动产生人的语言，产生思维，最后产生人类社会。劳动使人从自然的被动中解放出来，开始主宰自身的生活。人为了生活，就必须进行生产劳动，与自然界进行物质和能量交换，获得生存所需之物，解决活下去的问题。人除了进行物质资料生产与人类自身繁衍的生产外，还要进行文化生产以满足精神生活。人是有思想、有意识的，人需要进行大量的脑力劳动和思维活动，并根据人的需要去编造生活，创造至美，因此没有劳动就没有人和人的生活。

劳动不仅使人成为人，劳动也创造了人类社会，推进了人类社会的发展。随着劳动的发展，农业和畜牧业分工，手工业和农业分工，脑力劳动和体力劳动分工，最后乡村和城市分离，产生了国家。人类的每一次劳动分工，皆促进社会发展。人在劳动中结成人与人、人与生产资料的关系，成为人最基本的社会关系，形成不同的社会制度。马克思主义认为，人类社会经历了原始社会、奴隶社会、封建社会以及资本主义社会四种形态后，必将进入共产主义社会。但在资本主义社会，劳动使得劳动者与劳动成果、劳动者与劳动工具、劳动者与自身、劳动者之间的关系异化了。随着劳动的发展和劳动者的觉醒，劳动也成为结束资本主义社会的途径，劳动者将通过劳动来解放自身，达到劳动作为目的而不仅仅是手段的“自由人联合体”，即马克思主义所指向的“人类社会或社会的人类”。

“人类社会或社会的人类”是人类的真正目的，实现人类社会，必须通过劳动，因为“在这样的组织中，一方面，任何个人都不能把自己在生产劳动这个人类生存的必要条件中所应承担的部分推给别人；另一方面，生产劳动给每一个人提供全面发展和表现自己的全部能力即体能和智能的机会，这样，生产劳动就不再是奴役人的手段，而成了解放人的手段，因此，生产劳动就从一种负担变成一种快乐”。也就是说，人类进入了人类社会，劳动将成为目的，而劳动要成为目的，则首先要成为解放人的手段。

在共产主义社会，人民共同占有生产资料，劳动既是手段又是目的。习近平总书记指出：“劳动是推动人类社会进步的根本力量。幸福不会从天而降，梦想不会自动成真。实现我们的奋斗目标，开创我们的美好未来，必须紧紧依靠人民、始终为了人民，必须依靠辛勤劳动、诚实劳动、创造性劳动。”在中国共产党的带领下，全国人民辛勤劳动，艰苦奋斗，“中华民族迎来了从站起来、富起来到强起来的伟大飞跃！中国特色社会主义迎来了从创立、发展到完善的伟大飞跃！中国人民迎来了从温饱不足到小康富裕的伟大飞跃！中华民族正以崭新姿态屹立于世界的东方！”劳动使得人民的物质生活越来越丰裕，精神生活越来越丰满，总体生活越来越美好！

1.1　绚丽多彩的服饰

几乎从服饰出现的那天起，人们的社会身份、生活习俗、审美情趣以及种种文化观念就融入其中了。服饰的面貌是社会历史风貌最直接最真实的反映，也是中华民族伟大智慧的凝集，服饰发展是一部生动的文明发展史。

中国是历史悠久的衣冠大国，上衣下裳制，相传起于传说中的黄帝时代。《易·系辞下》载：“黄帝、尧、舜垂衣裳而天下治，盖取诸乾坤。”这一传说可以在甘肃出土的彩陶文化的陶绘中得到印证。这可以说是中国最早的衣裳制度文化。服饰是人类特有的劳动成果，它既是物质文明的结晶，又具精神文明的含义。人类社会经过蒙昧、野蛮到文明时代，缓缓地行进了几十万年。我们的祖先在与猿猴相揖别以后，披着兽皮与树叶，在风雨中徘徊了难以计数的岁月，终于艰难地跨进了文明时代的门槛，懂得了遮身暖体，创造出一个物质文明。然而，追求美是人的天性，衣冠于人，如金装在佛，其作用不仅在遮身暖体，更具有美化的功能。几乎是从服饰起源的那天起，人们就已将其生活习俗、审美情趣、色彩爱好，以及种种文化心态、宗教观念，都沉淀于服饰之中，构筑了服饰文化精神文明内涵。

美国人类学家英菲有论断："一个文化项目是外来渗透的结果，还是自然独立发明的产物，这个问题对于那些注重历史遗产的人来说是非常关键的，对于那些运用比较研究方法的人来说也是很重要的。我们可以肯定地说，在所有文化中，百分之九十以上的内容，最先都是以文化渗透的形式出现的。"我们通过中国服饰中多样的款式、独特的风采、鲜明的色泽和精湛的工艺，追寻着中华民族博大深邃的服饰文化发展轨迹，发掘中华服饰文化的底蕴。

中国丰富的考古资料记录服饰的渊源历史和发展历程。中国服饰文化，可上溯到原始社会旧石器时代晚期。考古发现，大约两万年前，在今天的北京周口店一带生活过的原始先民已经佩戴饰品，在出土的白色小石珠、黄绿色的砾石、兽牙、海蚶壳、鱼骨等都穿有精致的孔眼，作为精致的挂饰，既美观又趋吉辟邪。可见当时的人们已经不满足于简单地取用动植物材料，从而发明了用针缝制兽皮的技术。

汉朝的统治者以周礼为蓝本，颁布了明确的服饰制度。当时的服色有春青、夏赤、秋黄、冬皂之分，与四气、季节的特点相呼应，服饰风格古朴庄重；妇女上衣下裙的日常服装成为后世汉族妇女着装样式之模本。到了魏晋南北朝，不仅有后人所津津乐道的魏晋风度，更有北方强悍的游牧民族取代汉族成为统治者后对汉族文化的冲击和革新。迁入中原的少数民族与汉人杂居，其服饰样式影响了汉族人的服饰，同时其也接受了汉族服饰文化的影响。公元8世纪，中国唐代服装传入日本，对日本的和服产生了很大影响，如和服上的图案名称"唐草""唐花""唐锦"等，和服的基本造型从那时期开始一直沿用至今。

统一全国的隋朝，重新推行汉族的服饰制度。隋代女服，多短衣小袖长裙，系裙到胸部以上，看上去优雅简洁。其后的唐朝国力强盛，社会开放，服饰华美清新，女人着低胸短衫或争穿窄袖。男装的形象成为那个时代特有的标志。到了宋朝，汉族妇女开始有束胸的习惯，无分男女老少尊卑贵贱都喜欢穿素净儒雅的"背子"。元朝是蒙古族统治中国后建立的政权，男子多戴耳环，国家的服饰制度既承袭汉制，又糅合本族的传统。明朝建立后，随着政权再次归于汉族统治者，明朝颁布了针对前朝的禁胡服、胡姓的法令，衣冠沿袭仿效唐代形制。明朝帝王乃至文武百官的服饰从形制、等级、穿着礼仪相当繁缛，追求高雅堂皇之感。满族建立的清朝，历经两百多年，是中国服饰变化最大的一个时期。由于满族统治者强制汉族人改承满人服饰传统引发汉人激烈对抗，政府采取妥协政策，继而满汉服饰渐趋交融，长袍马褂成了后人论及清代服饰时首先想到的典型式样。

1840年以后，中国进入近代社会，对外通商口岸增多，发展出像上海这样华洋杂处的大都会。在欧美时尚潮流的带动下，中国本土服饰发生了变革。工业化的纺织印染带来的价格低廉的进口衣料渐渐取代了以传统工艺加工的国产面料，缝纫精致、款式入时的西式成衣也在中国找到了市场，手工成衣、工艺考究的滚、镶、嵌、绣等传统手工缝制服饰的手段渐渐被规模化、机械化的服装加工业所取代。

回顾20世纪的中国服饰，旗袍、长衫、中山装、学生装、西服、礼帽、遮阳帽、丝袜、高跟鞋、工农服、列宁服、布拉吉、军便服、夹克衫、喇叭裤、牛仔裤、迷你裙、比基尼、职业装、朋克装、T恤衫，种种不同时期、不同风格的服饰见证了不同时代的人们的勤劳智慧。

在中国这个由56个民族组成的多民族国家，伴随着民族间的相互融合，服饰的样式和穿着习俗不断演变。中国民族服饰的整体特点是色彩鲜明、工艺精美，重视细节装饰，各民族服饰的风格、款式各异，体现着不同环境、生产生活方式、风俗习惯、审美情趣等多方面浓厚的文化气息。

1.2 日益丰富的饮食

中国有一句古话"民以食为天"，足见"吃"在中国人生活中的重要地位。吃，不仅为饱腹，有得吃、能吃、会吃被视为一种"福气"。中国作为饮食之邦，长期以来形成了丰富多彩的饮食文化，以其独特的文化内涵享誉世界，这是在长期的历史发展中形成的，饮食文化离不开历史的发展，在不同的朝代有着不同的饮食文化，逐渐形成了中国饮食文化的丰富内涵。由于地域不同，中国的饮食又形成了各具特色的风味流派。下面从中国饮食文化的发展、内涵、风味流派以及特点4个方面介绍中国饮食文化。

1.2.1 中国饮食文化发展的历史

在旧石器时代，人们不懂人工取火和熟食，饮食状况是茹毛饮血。到了黄帝时期，中华民族的饮食状况又有了改善，"黄帝作灶，死为灶神"，以火力使食物速熟，后广泛使用在秦汉时期。周秦时期是中国饮食文化的成形时期，以谷物蔬菜为主食。汉代是中国饮食文化的丰富时期，这要归功于汉代中西饮食文化的交流。汉代除了引进石榴、芝麻、葡萄、胡桃（即核桃）、西瓜、甜瓜、黄瓜、菠菜、胡萝卜等果蔬外，还传入一些烹调方法，如炸油饼、胡饼（即芝麻烧饼）。东汉时期，淮南王刘安发明了豆腐，使豆类的营养得到更好的消化，不仅物美价廉，还可做出许多种菜肴，1960年河南密县发现汉墓，内有大画像石，其中就有豆腐作坊的石刻。东汉还发明了植物油。在此以前人们都用动物油，叫脂膏，带角的动物油叫脂，无角的动物油叫膏。脂较硬，膏较稀软。植物油有杏仁油、麻油等，南北朝时期植物油因物美价廉被广泛应用。唐宋盛世也是饮食文化的高峰，饮食讲究，最具代表性的是烧尾宴。明清时期是中国饮食文化的又一高峰，是唐宋食俗的继续，同时又融入满蒙的特点。菰米已被彻底淘汰；麻子退出主食行列，改用榨油；豆料也不再作为主食，成为菜肴；北方黄河流域小麦的比例大幅度增加，面成为宋以后北方的主食；明代又一次大规模引进马铃薯、甘薯，蔬菜的种植达到较高水准，成为主要菜肴；人工畜养的畜禽成为肉食的主要来源。满汉全席最能代表清代饮食高峰。

1.2.2 中国饮食文化的内涵

经过数千年的发展，中国饮食文化形成了丰富的内涵，大致可以概括成四个字：精、美、情、礼。这四个字，反映了饮食活动过程中饮食品质、审美体验、情感活动、社会功能等所包含的独特文化意蕴，也反映了饮食文化与中华优秀传统文化的密切联系。

"精、美、情、礼"分别从不同的角度概括了中华饮食文化的基本内涵，换言之，这四个方面有机地构成了中华饮食文化这个整体概念。精与美侧重于饮食的形象和品质，而情与礼，则侧重于饮食的心态、习俗和社会功能。但是,它们不是孤立地存在的,而是相互依存、互为因果的。唯其“精”,才能有完整的“美”;唯其“美”才能激发“情”;唯有“情”,才能有合乎时代风尚的“礼”。四者环环相生、完美统一,便形成中华饮食文化的最高境界。我们只有准确地把握“精、美、情、礼”,才能深刻理解中华饮食文化,也才能更好地继承和弘扬中华饮食文化。

1.2.3 中国饮食的风味流派

中国是文明古国,亦有悠久的饮食文化。中国的饮食文化瑰丽多姿,中国地方菜系享誉世界,是中国传统文化的重要组成部分。从地域角度看,各地的气候、习俗影响着各地的烹饪习惯,便出现了山东风味、广东风味、四川风味等。清代出现了“帮口”“帮口菜”的名称,有如“扬帮”“川帮”“扬帮菜”“川帮菜”的叫法。

从 20 世纪 50 年代开始,中国既“四大菜系”之说,即山东(鲁)、淮阳(苏)、四川(川)、广东(粤)等菜系;又有“八大菜系”之说,即“四大菜系”再加上浙江(浙)、安徽(徽)、湖南(湘)、福建(闽)等四大菜系;还有“十大菜系”之说,即“八大菜系”再加上北京(京)、上海(沪)两个菜系。

中国的饮食文化是文明标尺和民族特质的体现,是中华民族悠久灿烂文化的重要组成部分,体现了中华民族的创造精神和独特风格,标志着各个时期的文明进程,永远荡漾着美的神韵。

1.3 面貌一新的住宅

安居才能乐业,房子对中国人来说有着特殊的意义。改革开放 40 多年来,人们的居住条件和环境发生了巨大变化。从茅草房、土坯房到平房再到小洋房,从筒子楼到一屋一厨,从大杂院到宽敞的小区,从福利房到商品房,从一家几口人蜗居在十多平方米的斗室到现在一家人享受着上百平方米的房子,居者“忧其屋”到“有其屋”,再到“优其屋”,住房变迁折射出的是 40 多年的深刻变化,更是人们幸福生活的见证。

1.3.1 新中国成立初期——居住条件极差

城市居民的住宅大多面积小、设施简陋,如北方的大杂院、南方的亭子间等,十分拥挤杂乱,屋子小得给人以压迫感。在农村,北方内地多为土坯房、窑洞,南方多为茅草房,房屋破旧,年久失修,岌岌可危。人畜有时混居一室,卫生条件差。

1.3.2 改革开放前——不断改善,但居住条件仍较差

样式统一单调的平板房取代了新中国初期的破旧民居。一片片鱼鳞状的瓦片取代了破旧的屋顶,砌墙也不再使用石砖了,而是用石灰砌成平坦而洁白的墙面。但房屋内部很少有装修,只有床、桌子、椅子等基本家具,看上去简朴整洁,洋溢着和谐宁静的氛围。

1.3.3 改革开放以来——居住面积扩大,居住条件有了明显改善

老式的普通民居已经不能满足人民居住的需要,于是新型的住宅小区拔地而起,楼房鳞次栉比,犹如一座新城。北京从 1998 年开始兴建经济适用房,为危改居民和北京城市中低收入家庭提供了“买得到、住得起”的选择。通过经济适用房,人们理解了什么叫“破旧立新”。一大批居民走出没有厨房、厕所,没有上下水的老房子,搬进房屋质量有保障、小区环境优美、购

物便利、交通便捷的新楼房。

今天，人们对住房的选择更多了，有高层住宅，有复式楼，有花园小区，甚至还有单门独院的特色别墅。当我们登上高楼远眺城市流光溢彩的景色时，也可以体会到古人“会当凌绝顶，一览众山小”的豪情。住房的变化，是一个家庭生产生活开始兴旺发达的开始。所谓的“安居乐业”，安居是第一位的，是前提；乐业是第二位的，能够激励一家人更好地通过勤劳、创新创造过上更加美好的生活。

1.4 四通八达的交通

目前我国已拥有世界上最现代化的铁路网和最发达的高铁网；高速公路的发展举世瞩目，创造了世界高速公路建设史上的奇迹，“最长、最高、最大”的纪录不断被写进世界桥梁和隧道建设史；先进的大型港口、通畅的黄金水道、广泛覆盖的民用航空航线以及发达的城市轨道交通等成为社会主义现代化建设的重要支撑。未来智能交通系统将以新的方式呈现，从而实现实时、准确、高效、安全、节能的目标。这些四通八达、车流穿梭不停的运输网有力地推动着经济和社会前进的步伐。

1.4.1 最现代化的铁路网和最发达的高铁网

世界上海拔最高的青藏铁路于 2006 年建成；我国第一条高速铁路——京津城际铁路于 2008 年开通运营；2011 年建成通车的京沪高速铁路，是世界上商业运营速度最高、里程最长的高速铁路。

1.4.2 高速公路发展举世瞩目，创造了世界高速公路建设史上的奇迹

1978 年，我国公路通车总里程 89 万千米，公路密度 9.27 千米 / 百平方千米。1988 年，我国第一条高速公路——沪嘉高速公路建成通车；到 2022 年底，全国高速公路里程已达 17.1 万千米。

1.4.3 “最长、最高、最大”的纪录不断被写进世界桥梁和隧道建设史

港珠澳大桥是世界上最长的跨海大桥；北盘江大桥是世界上最高的大桥；大胜关长江大桥是世界首座六线铁路桥，双跨连拱为世界高速铁路跨度最大；五峰山长江公铁大桥主跨达 1 120 米，在世界悬索桥中位列第一；沪通长江大桥为世界上最大跨径的公铁两用斜拉桥，也是世界上首座跨度超过千米的公铁两用桥梁。

还有世界上最长的双洞高速公路隧道——秦岭终南山隧道，世界上最大直径的盾构隧道——上海长江隧道，世界上海拔最高的公路特长隧道——川藏线雀儿山隧道，世界上最长的高原铁路隧道——青藏铁路新关角隧道，世界上海拔最高的高铁隧道——祁连山隧道，世界上最长的海底沉管隧道——港珠澳大桥沉管隧道。

1.4.4 先进的大型港口

2017 年投入运营的上海港洋山港区四期全自动化集装箱码头是全球规模最大、自动化程度最高的集装箱码头。目前，全球排名前十的港口中有 7 个位于我国，2017 年上海港以 4 030 万标箱吞吐量位居世界第一，深圳港、宁波舟山港、香港港分列第三、四、五位，广州港和青岛港分列第七、八位，我国现代化的大型港口在“一带一路”建设中扮演着重要角色。

1.4.5 通畅的黄金水道

党的十八大以来，依托长江黄金水道推动长江经济带发展上升为国家重大战略，长江南京以下12.5米深水航道建设工程启动，并于2018年4月建成，现已正式运行，可实现南京至长江出海口全程通航5万吨级及以上船舶，将海港向内河纵深推进，相当于增加了近800千米的海岸线，大规模实现我国黄金水道江海联运。截至2022年底，我国内河航道通航里程达到12.8万千米，其中高等级航道超过1.6万千米。

1.4.6 广泛覆盖的民用航空

改革开放初期，我国只有民航机场78个。截至2017年底，我国境内民用机场共229个，航班通航城市224个，机队规模达到3 261架，民航服务覆盖了全国88.5%的地级市和76.5%的县。首都国际机场旅客吞吐量达到9 579万人次，排名世界第二，香港国际机场和上海浦东国际机场旅客吞吐量分别排名世界第八和第九，广州白云国际机场排名第十三。

1.4.7 发达的城市轨道交通

20世纪80年代末，我国城市轨道交通建设中仅北京市和天津市有地铁线路40千米。20世纪80年代末至90年代初，以上海地铁一号线、北京地铁复八线、广州地铁一号线建设为标志，中国开始了真正意义上的以交通为目的的城市轨道交通建设。进入21世纪初，北京、上海、广州三市共拥有地铁运营里程105千米。到2012年年底，我国17个城市开通70条轨道交通运营线路，运营里程2 064千米，其中地铁线路1 726千米。

1.4.8 智能交通系统

通过集成应用先进的信息、通信、传感、控制等技术，使人、车、路间相互作用关系以新的方式呈现。

1.5 拓展活动：自己动手旧物换新颜

1.5.1 活动要求

请同学们充分发挥创意和想象力，用自己灵巧的双手把那些日常生活中看似没用的旧物利用起来，经过不同的加工方式，如裁剪、缝制、粘贴，变成一件件“宝贝”。

1.5.2 活动时长

建议四周。

1.5.3 活动意义

通过体会制作过程，同学们增进了交流（详细介绍各自宝贝的制作过程与特色），锻炼了动手实践能力，更重要的是从旧物改造中体会到保护环境、节约资源的重要性。

劳动成果展示表

活动名称			
活动类别			
个人姓名		班级	
团队成员			

续表

<table>
<tr><td rowspan="2">劳动成果展示</td><td>旧物换新颜劳动成果展示</td></tr>
<tr><td></td></tr>
</table>

模块2 劳动赢得尊严

2.1 崇尚劳动，尊重劳动者

“五一”国际劳动节是全世界劳动人民共同的节日。从恩格斯领导成立的第二国际明确将1890年5月1日定为第一个国际劳动节起，历史车轮已走过130多年。我们党历来高度重视通过纪念“五一”国际劳动节，启发职工群众觉悟，教育引导劳动群众，团结带领工人阶级和广大劳动群众为民族独立、人民解放和国家富强、人民幸福而奋斗。新中国成立后，我国工人阶级成为国家的领导阶级，我国工人阶级和广大劳动群众成为国家的主人，我们纪念“五一”国际劳动节具有了新的时代意义。

我们所处的时代是催人奋进的伟大时代，我们进行的事业是前无古人的伟大事业，我们正在从事的中国特色社会主义事业是全体人民的共同事业。全面建成小康社会，进而建成富强民主文明和谐的社会主义现代化国家，根本上靠劳动、靠劳动者创造。因此，无论时代条件如何变化，我们始终都要崇尚劳动、尊重劳动者，始终重视发挥工人阶级和广大劳动群众的主力军作用。

2.2 用自己的劳动赢得尊严

扫一扫：为中国70年辉煌成就奋斗的劳动者

崇尚劳动、尊重劳动者既关系到每一位劳动者能够体面地、创造性地工作，也是实现中国梦的基础。体面劳动是创新创造的基础，特别是现在，整个社会涌动着大众创业、万众创新的热潮，更需要劳动者的参与。劳动者对劳动环境提出了更高要求，赋予了实现体面劳动的重要性和迫切性。尤其在劳动力市场竞争激烈的情况下，让劳动者体面地工作，保护劳动者的工作权利和人格尊严，方可凝聚起全社会的力量,集众智,汇众力,实现中华民族伟大复兴。

尊重劳动、热爱劳动、珍惜他人劳动,是中华民族的传统美德。当代中国,全社会形成了"劳动不分贵贱""劳动最光荣"的新型价值观。在任何时代,劳动都是创造财富的唯一途径,离开劳动这个基础就不可能有经济社会的发展。中国正在推进经济转型升级,其基础正是劳动者能力和创造力的提升,当然也离不开体力劳动者的奉献,而这些劳动者更需要有尊严地工作和生活。

习近平总书记说过,要让所有劳动者都能体面劳动,都享有人生出彩的机会。劳动者最重要的权利是尊严,必须赢得尊严,有尊严地劳动,有尊严地生活。如何让劳动者的劳动更有尊严,这就要求全社会都要尊重劳动者,让劳动者的劳动体现应有的价值。特别是要尊重、善待一线劳动者,彻底改变社会对一线劳动者的歧视态度,真正从心底里尊重劳动者、礼遇劳动者。

全社会都要关心劳动者,要加强对劳动者的劳动保护,改善劳动环境、劳动条件,让劳动者的劳动更加舒适、心情更加愉悦。

2.3 为中国制造赢得尊严

在中国人民朴素的感情世界里,劳动是光荣的,通过物质创造财富,是中国人民的优良传统。

2016 年 10 月初,由中国企业建设,连接埃塞俄比亚和吉布提两国首都的亚的斯亚贝巴——吉布提铁路(简称"亚吉铁路")正式通车。该项目是继坦赞铁路之后,中国在非洲修建的又一条铁路,被誉为"新时期的坦赞铁路"。这条铁路是非洲第一条电气化铁路,全部采用中国标准和中国装备建设而成。铁路全长 752.7 千米,设计时速 120 千米,共设置 45 个车站,总投资约 40 亿美元,由中国中铁和中国铁建组织施工,是中国企业在海外建设的第一条全产业链"走出去"的铁路,这条在非洲开通的铁路全都是中国制造的。

大国之重器,强国之根基!中国人的创新实践更是让世界看到了一个全新的格局。超级计算机的中国速度、"潜龙二号"的中国深度、"天宫二号"的中国高度,不断刷新中国制造的新纪录。思路清晰、方向明确,面向世界、面向未来的新实践已经踏上征途。建造大飞机、发射大火箭、建设空间站,这些都是中国人坚持了几十年的梦想。从核电到高铁,从桥梁到汽车,从手机到家电,中国制造以其过硬实力,使"Made in China"成为惊艳世界的亮丽名片。

当下,在越来越多中国企业扩大海外业务的背景下,"中国制造"这一名词正在被赋予新的内涵。未来,随着制造业"出海"的脚步日渐加快,中国制造或许不再是一个单纯的产地定义,更是一种能力的证明。

2.4 拓展活动:在平凡的岗位上体现自身价值

2.4.1 *活动要求*

组织同学们分组参加快递分拣、餐饮配送以及校园劳动等各项任务。根据不同分工的完成情况分组进行交流总结。

扫一扫:劳动者们的故事

2.4.2 活动时长

建议三周。

2.4.3 活动意义

通过在平凡岗位的体验锻炼、交流体会，使学生感受劳动的快乐和成就，提升其劳动素养，培养其爱岗敬业的品德。

劳动成果展示表

<table>
<tr><td>活动名称</td><td colspan="3"></td></tr>
<tr><td>活动类别</td><td colspan="3"></td></tr>
<tr><td>个人姓名</td><td></td><td>班级</td><td></td></tr>
<tr><td>团队成员</td><td colspan="3"></td></tr>
<tr><td rowspan="2">劳动成果展示</td><td colspan="3">平凡岗位上的劳动者</td></tr>
<tr><td colspan="3"></td></tr>
</table>

模块3 劳动筑起中国梦

“幸福不会从天而降，梦想不会自动成真。实现我们的奋斗目标，开创我们的美好未来，必须紧紧依靠人民、始终为了人民，必须依靠辛勤劳动、诚实劳动、创造性劳动。”习近平总书记在同全国劳动模范代表座谈时，以平实易懂的语言、富有新意的论述，说出了一个人们熟知的真理，更在“五一”国际劳动节到来之际向全党全国发出了通过劳动实现中国梦的动员令。

实现中国梦，应当在全社会倡导诚实劳动。从个人梦想到民族梦想，走向梦想的彼岸，唯有一步一个脚印地诚实劳动，而绝不能投机取巧，只有通过诚实劳动才能实现；发展中的各种难题，只有通过诚实劳动才能破解；生命里的一切辉煌，只有通过诚实劳动才能铸就。诚实是金。只有诚实的人才能赢得尊重和信任，只有诚实劳动收获的成果，才经得起历史和人民的检验，经得起时代的考验。

实现中国梦，应当在全社会倡导创造性劳动。无论时代怎样变化，无论技术怎样进步，无论经济怎样发展，劳动者的创造始终是历史前进的根本动力。中国特色社会主义事业是前无古人的美好事业，推动事业发展，实现美好蓝图，依靠全体劳动人民的智慧和创造，必须在全社会真正培育起“尊重劳动、尊重知识、尊重人才、尊重创造”的良好风尚，维护和发展劳动者的利益，保障劳动者的权利，让亿万劳动者的创造性充分涌流。

3.1 劳动改变命运

一个国家，一个民族，只有以自强不息、坚韧不拔的精神和耐力，勤勤恳恳、踏踏实实地工作劳动、苦干实干，才能真正把命运掌握在自己的手中，才能实现所有期待和梦想。

劳动改变命运不是枯燥的字眼，而是生动的画面，正是无数中国人民的奋斗劳动，让中国走出了近代史的耻辱，走向了中华民族的伟大复兴之路。

发行于 1962 年的第三套人民币定格了新中国一个重要时期，在这套人民币上，劳动者作为极其鲜明的主题形象得以展现。这是那个时代的名片，给我们这一代人留下了极其深刻的印象，劳动最光荣，劳动最美丽，深深烙印在我们每一个中国人心中。

红旗渠从巍巍太行的峭壁上流过，与水源河漳河的落差最高达 800 米之多，为当时的林县、现在的林州提供了丰沛的水源。红旗渠是一个奇迹，是劳动创造伟大最生动的写照，是劳动改变命运、梦想引领中国最生动的体现。

“拓荒牛”是对深圳这座城市品格的生动写照，也是在改革开放大潮中奋力开拓、不懈进取的人们的精神图腾。这是改革开放时代劳动的丰碑，劳动成就了深圳，劳动开启了中国特色社会主义发展的新时代。劳动让中国人民的富国强民的梦想正在一点点变成现实。

美好梦想，通过诚实劳动才能实现；各种难题，通过诚实劳动才能破解；生命里的一切辉煌，通过诚实劳动才能铸就。劳动创造了中华民族，造就了中华民族的昨天辉煌，也必将创造出中华民族的光明未来。劳动改变命运，改变个人的命运，改变民族的命运，改变国家的命运，劳动让梦想成真，梦想引领者我们走向阳光，走向美丽，走向精彩。

3.2 劳动创造财富

过上更好的日子，追求幸福的生活，是每一个人的梦想；让国家更加富强，是整个民族的愿望。而实现奋斗目标，开创美好未来，必须依靠辛勤劳动、诚实劳动、创造性劳动。正如习近平总书记所说，劳动是推动人类社会进步的根本力量，是财富的源泉，也是幸福的源泉。劳动创造了中华民族，造就了中华民族的辉煌历史，也必将创造出中华民族的光明未来。

扫一扫：劳动创造美丽乡村

劳动是第一推动力，劳动是基础支撑。唯有劳动，唯有勤勉踏实的劳动才能托起一个又一个致富的梦想。中国改革开放之所以取得巨大的成就，依靠的就是全体中国人民的辛勤劳动。中国今天落实“四个全面”战略布局，建设美丽中国，实现中国梦必须依靠劳动。劳动最伟大、劳动最光荣、劳动最美丽必然在我们的社会蔚然成风。劳动创造财富是永恒真理，劳动创造的财富不浮躁、不奢华，是真正建立在牢固基础上的财富大厦。

劳动创造财富是永恒真理，劳动光荣是永不褪色的旗帜，这个真理打造人生幸福，这面旗帜引领梦想、铸造社会美丽。在实现中华民族伟大复兴的今天，我们应该也必须坚守劳动创造财富是永恒真理,这是我们发展强大的根基。“空谈误国,实干兴邦。”只有脚踏实地地劳动,真抓实干,埋头苦干,才能改变个人和集体的命运,改变一个地方和整个国家的面貌,才能创造出一个崭新的世界。

3.3 劳动点亮智慧

劳动是人类文明进步的源泉。通过劳动,人类从盘错交结的古树走向陆地,从愚昧无知的远古走向现代文明。“人有两件宝,双手和大脑,一切靠劳动,生活才美好。”这是我国著名教育家陶行知对劳动的生动解说。从社会分工到职业分类,从结绳记事到汉字“六书”,从生活需要到劳动文化,哪一样都离不开辛勤劳动。

“赖其力者生,不赖其力者不生。”热爱劳动是做人、立身、安家、兴邦的根本。正是依靠劳动,人们生产和积累了大量物质财富和精神财富,支撑起个人、家庭和国家的成长与发展。中华民族几千年来虽然历经艰难曲折,但是始终屹立在世界的东方,首先靠的就是热爱劳动这个传家宝。

实现中国梦,应当在全社会倡导辛勤劳动。一分耕耘一分收获,要想实现梦想,除了顽强拼搏,别无他途。纵观全国劳动模范和五一劳动奖章获得者的人生历程,无一不是靠脚踏实地劳动、勤勤恳恳做事、踏踏实实做人,才取得今天这样的成就,在平凡岗位上创造出不平凡的业绩。只有牢固树立劳动最光荣、劳动最崇高、劳动最伟大、劳动最美丽的观念,让全体人民进一步焕发劳动热情、释放创造潜能,才能创造更加美好的生活。

3.4 劳动提升品质

扫一扫:勤劳致富 奋斗成功

高品质生活是所有人的梦想,而实现这些梦想的人,是无数普普通通的劳动者,是我们身边那些平凡而又不平凡的人们。正是他们用勤劳的双手诠释着劳动创造价值、劳动创造幸福的真谛。“民生在勤,勤则不匮”,劳动是财富的源泉,也是幸福的源泉;“夙兴夜寐,洒扫庭内”,热爱劳动是中华民族的优秀传统,绵延至今。

纵观历史,大凡有出息的人,大都是在年少时参加过劳动,吃过苦过累的,年少时就铸就了人生中不怕苦不怕累的优秀品质。毛岸英从苏联留学回来,父亲毛泽东对他说:“你在苏联的大学毕业了,这很好,但学的是书本上的知识,可以说这只是知识的一半。你还需要上一个大学,就是劳动大学。”毛泽东虽然强调的是书本上的知识只有与劳动实践相结合才能成为真正的知识,但是也不能说没有让儿子在劳动中培养优秀品质的目的。习近平总书记 15 岁就下放到陕北农村,在那里一干就是 7 年。今天,习近平总书记作为大国领袖,能如此自如地应对国际的风云变幻,这与习近平总书记在陕北 7 年又苦又累的体力劳动中所培养出来的优秀品质是分不开的。

如果生活中少了那些辛苦的邮递工人、制造工人、电力工人、食品工人、纺织工人,那么我们的生活将会怎样呢？我们不敢也无法想象。我们曾经太苦，也太缺这些劳动创造的产品了，我们会珍惜这些劳动者及劳动产品。然而，一个美国家庭却曾经尝试在一年中不使用任何中国制造的产品，这也意味着其不享用中国劳动者创造的财富。可结果怎样呢？生活一片混乱，苦不堪言，最终这个美国家庭再也不会做这样子的尝试。

劳动提升了人们生活的品质，劳动改变了我们的生活，劳动延续了我们最正常的生活，劳动保障了我们最幸福的生活。我们已经无法离开劳动。作为世界上最大的制造工厂，中国产业工人用自己的劳动创造了世界上最不可思议的中国效率、中国神话，几千万名产业工人，每天生产数以亿计的产品，不仅供给我们，也走出国门，走向世界，从丝绸之路到“一带一路”，在路上运输的永远是最优秀的产品、最宝贵的劳动成果。在苦难之中，在恶劣的环境中，所有西方预言不可能实现的壮举，都被辛勤的中国工人创造出来。在世界屋脊上，中国工人架起了电线，让海拔 4 300 米的地方有了光明；在戈壁沙漠恶劣的环境，中国工人架起了风力发电机，保障了人们最幸福的快乐；在数不尽的荒漠之中，我们用劳动提升了生活的品质，走向了幸福。

劳动创造了“广厦千万间”，劳动融通了历史，劳动是灿烂文化的密码，劳动改变着未来，劳动提升了我们的生活品质。我们的幸福是建立在许许多多无数个劳动者的辛勤工作之上，我们要怀着一颗感恩之心，珍惜劳动者为我们创造的所有的一切，给快递人员一个微笑，给送奶工人一句真诚的“谢谢”，给电力工人一声祝福。我们还要节俭，节俭就是爱护劳动力，就是珍惜劳动力，就是对劳动最大的尊重。

劳动者的劳动是我们生活幸福的源泉，我们每一个人都是光荣的劳动者，我们在自己的岗位上，彼此感恩着劳动的伟大，用劳动创造财富、改变命运、提升生活品质。

3.5 劳动缔造幸福

在浩瀚的人类语言里，“幸福”是人们心仪向往和谈论最多的词汇之一，而它与“劳动”之间如影相随、密不可分的关系，更是被历史反复证明的基本常识。诚如意大利著名作家拉·乔乃尼奥里所言：“劳动却是产生一切力量、一切道德和一切幸福的威力无比的源泉。”而流传于我国 20 世纪 50 年代的一首歌，更是直白诠释了这种朴素认知：“星星和月亮在一起，庄稼和土地在一起，劳动和幸福在一起。”

“幸福”是一种主观感受，更是个体价值实现后的心理满足。人们在收获辛勤付出取得的劳动成果的同时，也在不断创造着生活的美感与精神的愉悦，而这种由劳动者发挥聪明才智展现出的劳动创造欲、征服感与成就感，又何尝不是促成劳动者情感满足的快乐源泉呢？革命先驱李大钊曾言：“我觉得人生求乐的方法，最好莫过于尊重劳动。一切乐境，都可由劳动得来；一切苦境，都可由劳动解脱。”

个人的理想总是与祖国的命运息息相关，劳动者只有将自己的快乐融入民族振兴和国家富强的伟大事业，才能真正实现个体价值与幸福的最大化。幸福需要无私奉献的精神，一个自私自利、一辈子只为自己活着的人，恐难以体会到真正的幸福。只有为更多生命的幸福而忘我奉献服务的人才是世界上最幸福的人。

“幸福”可以是人生理想的实现、家人欣慰的笑脸，更应该是为国家强盛而努力奉献的情怀,而这种幸福感的获得,需要劳动者在从事辛勤、诚实与创造性劳动中展现出的责任与担当。劳动开启幸福泉,劳动托起中国梦。

3.6 劳动彰显国魂

习近平总书记指出:“光荣属于劳动者,幸福属于劳动者。社会主义是干出来的,新时代是奋斗出来的。劳动模范是民族的精英、人民的楷模,是共和国的功臣。”

那些工作在平凡岗位上的清洁工阿姨、外卖小哥、建筑工人、出租车师傅,无论四季如何更迭、日夜如何交替,他们始终穿梭在都市的各个角落,劳作着、奔波着,虽平凡,却不平庸,虽渺小,却铸就伟大,他们用自己勤劳的双手绘就多彩的人生,彰显了最纯粹、最真挚的中国魂。

平凡中孕育敬业,劳动中淬炼吃苦耐劳的“中国魂”。如果说平凡是一种常态,那么敬业就是一种美德。“走在时间前面的人”王崇伦、“当代雷锋”郭明义、“铁路小巨人”巨晓林、“金牌焊工”高凤林……他们在自己平凡的岗位上做着不平凡的事,他们爱岗敬业、恪尽职守,他们勤勤恳恳、脚踏实地,他们吃苦耐劳、求真务实。他们心里装着百姓,牵挂着人民群众的安危,他们一生都献给了劳动。习近平总书记赠语广大劳动者“劳动最光荣、劳动最崇高、劳动最伟大、劳动最美丽”的谆谆话语,殷殷嘱托,句句箴言,鼓舞人心,给予了正在奋斗的我们莫大的鼓励,我们要在这些榜样的力量下汲取吃苦耐劳的“中国魂”,在习近平总书记的深情勉励中继续砥砺前行,不负韶华。

平凡中见证奉献,劳动中坚守克己奉公的“中国魂”。雷锋曾说过,“自己活着,就是为了使别人过得更美好”,而他也是这么做的。新时代涌现出了一些像雷锋一样视奉献为己任的道德模范,如“中国赤脚医生第一人”王桂珍、“时代楷模”黄文秀、“最美奋斗者”谭千秋,论职业,他们只是一名普通的医生、扶贫干部、教师,但他们永葆一颗赤子之心,不计较个人得失,甘于奉献、敢为人先,始终坚持人民的利益高于一切的人生准则。当然,生活中还有很多这样在自己平凡岗位上默默奉献的人,他们在用自己的方式守护着城市的安宁和群众的安危。不论是有名英雄还是无名英雄,他们都在用自己的实际行动坚守着克己奉公的“中国魂”,谱写了中国式劳动美的新篇章。

平凡中铸就伟大,劳动中彰显万众一心的“中国魂”。回顾过往,不论是2003年的非典,2008年的汶川大地震,还是2020年的新冠病毒感染疫情、洪涝灾害,中国人民始终风雨同舟、同心协力,在最短的时间内战胜了灾难,克服了险阻。其间,可以看到无数劳动者的身影,他们只是平凡岗位上的普通人,但在国家面临灾难时,他们挺身而出、奋勇向前,不顾个人生死,冲锋在一线、战斗在一线,不顾个人安危,守护在一线、服务在一线。他们心心念念的是群众的冷暖,在平凡的故事中演绎着伟大的精神内涵。他们工作在千千万万个岗位上,有一个共同的名字——劳动者。劳动者从来都是最可爱的人,他们在坚守一线、英勇奋战中彰显了众志成城、万众一心的“中国魂”。

3.7 拓展活动：践行工匠精神，争做时代新人

3.7.1 活动要求

通过参观走访学校所在地著名企业，开展工业研学实践活动，帮助学生们了解多家当地企业的发展概况，激发学生科技报国，为祖国的富强发奋攻读、练就本领，争做时代新人。

3.7.2 活动时长

建议四周。

3.7.3 活动意义

通过工业研学实践活动，寻找企业中的工匠师傅，学习他们精益求精的工匠精神，并将活动感受填写在如下的成果展示表中。

劳动成果展示表

<table>
<tr><td>活动名称</td><td colspan="3"></td></tr>
<tr><td>活动类别</td><td colspan="3"></td></tr>
<tr><td>个人姓名</td><td></td><td>班级</td><td></td></tr>
<tr><td>团队成员</td><td colspan="3"></td></tr>
<tr><td rowspan="2">劳动成果展示</td><td colspan="3">你眼中的工匠师傅们</td></tr>
<tr><td colspan="3"></td></tr>
</table>

主题实践活动四：环保小卫士，劳动最光荣

1. 活动主题

培养学生“环保从我做起”的行为道德意识，普及环保知识，增强环保意识，人人争做环保小卫士。学生动手制作环保主题创意宣传册。

2. 活动宗旨

通过设计环保宣传册的活动，使学生深入思考环境污染给生态文明带来的种种灾难、生活垃圾如何变废为宝，更好地服务于环境等内容设计，增强学生对于环境保护的责任感，使命感，培养综合运用多学科知识，开发创新思维，提升解决问题的能力，激发学生为保护环境多贡献

力量的热情,培养团队合作精神。

3. 活动时长

一周。

4. 活动实施方案

(1)确定团队小组成员。

(2)学习掌握世界及中国的环保日名称、口号、由来、时间等知识,围绕身边人或事选定设计主题,如节约粮食(不挑食);随手关闭水龙头,节约用水;随手关灯,节约用电;回收废电池;节省纸张,回收废纸;不乱倒垃圾;低碳出行;碳达峰碳中和。

(3)设计制作环保宣传册。

(4)分享劳动成果。可将自己的劳动过程以视频或照片的方式进行记录,并填写成果展示记录表。

成果展示记录表

活动主题	
成员	
活动成果照片	此处插入照片,每张照片配注释
劳动成果视频	此处插入视频,且每个视频做简要的介绍

5)汇报评选

分组进行活动汇报,评选最佳活动个人,评选标准参考如下活动成效评价表。

活动成效评价表

组别		班级		
成员				
活动个人完成效果多方评价（满分 20 分）	评价要求		得分	
自我评价（5 分）	1. 宣传册设计合理； 2. 制作精美，效果显著； 3. 设计过程中，物尽其用，体现环保节约理念			
其他人员评价（5 分）				
教师评价（10 分）				
活动完成效果成绩汇总				
评价内容	评价要求		赋分	得分
活动成果	按照要求完成成果展示记录表的填写； 成果照片和视频数量和质量完成度高		50	
活动个人完成效果多方评价	按照上面的活动小组完成效果多方评价标准执行		50	

【参考文献】

[1] 邓金兰. 马克思劳动幸福理论及其当代价值 [D]. 长春：吉林大学，2021.

[2] 李文俊. 劳动创造美好生活的理论依据、历史实践与现实路径 [J]. 沈阳师范大学学报（社会科学版），2021（3）：24-30.

[3] 孙琳琼，丁凯. 新时代“劳动创造幸福”的逻辑探析 [J]. 宁夏党校学报，2022，24（4）：21-27.

[4] 杨丽静，李笑春. 劳动创造幸福多维度解析 [J]. 法制与社会，2020（6）：237-238.

专题五　新时代合格劳动者

【开篇语】

社会主义是干出来的，新时代是奋斗出来的。中华大地正是一派只争朝夕、生机勃勃的景象，广大新时代的劳动者们用信念唱响号声，用勇毅书写答卷，用汗水为自己的节日献上赞歌。长期以来，在中国共产党的领导下，我国广大劳动群众与祖国同成长、与时代齐奋进，如今，新时代的劳动者将接过先辈们的精神火炬，以实干笃定前行，谱写新的时代华章。

【学习目的要求】

通过本专题学习，要求学生理解劳动教育的融通性，以及它与其他四育的关系，理解创新性劳动的含义、特点和分类。培养学生的劳动观念与劳动态度、劳动知识与劳动技能、劳动精神与劳动习惯，为学生的全面发展服务。

模块 1　以劳树德

劳动不仅能益智，而且还能树德。在大学生劳动教育中，需以“劳动伴我青春”作为德育策略，生产劳动是人类社会赖以生存和发展的基础，是人类最基本的实践活动。劳动教育作为党的教育方针的基本要求，是中国特色社会主义教育制度的根本体现，是实施素质教育的重要内容，是培育和践行社会主义核心价值观的有效途径。

1.1　承劳动精神

劳动者创造了历史、开启了文明，一切幸福生活皆源于劳动，任何财富皆由劳动创造，所有美好梦想也都靠劳动才能实现。

1.1.1　传承劳动者辛勤劳动的爱岗敬业精神

辛勤劳动作为一种传统美德，在任何时代都不会过时。爱岗敬业、争创一流，艰苦奋斗、勇于创新，淡泊名利、甘于奉献的伟大劳动精神，永远是社会主义核心价值观和道德观的重要内容。在基层，敬业精神是无处不在的，先进个人、优秀模范，他们都是爱岗敬业的典范，他们用辛勤的劳动赢得了领导和同事的赞誉和尊重。正是他们身上这种爱岗位敬业的奉献精神，更加坚定了青年学子要用实际行动，坚持立足本职岗位、创先争优、勇当青年先锋的决心。

【案例 5-1】

2020 年度感动中国人物张定宇

新冠病毒感染疫情发生后，武汉最大的专科传染病医院金银潭医院，因为最早集中收治不明肺炎患者，成为这场全民抗“疫”之战最早打响的地方，原武汉金银潭医院院长张定宇（图 5-1）很快成为舆论关注的焦点。他带领 600 多名医护人员一直不间断地奋战在抗击疫情的最前线，没有机会照顾被新冠病毒感染住院的妻子，他舍小家为大家，令人敬佩。大家不知道的是，此时他已身患渐冻症，行动不便，步履蹒跚，但他在与生命赛跑的同时与病毒抗击，更让无数网友为之动容。

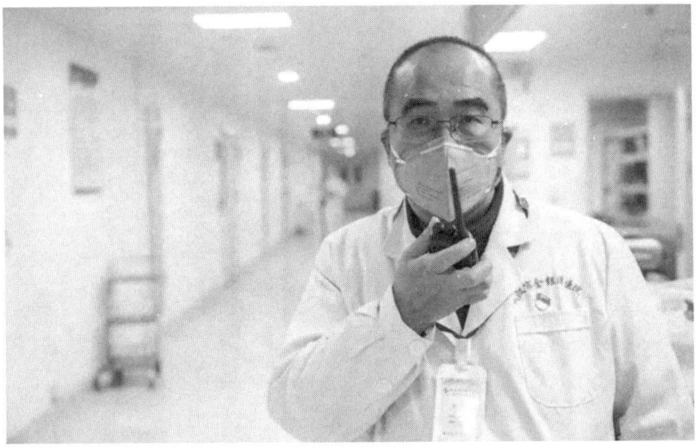

图 5-1　原武汉金银潭医院院长张定宇

在支援部队到来之前，医疗资源严重短缺的情况下，张定宇带领金银潭医院 600 多名医护人员，没有节假日，不分白天黑夜，硬扛了 20 多天。他自己更是每天凌晨两点才躺下，4 点又得重新爬起来，处理各种突发事件。

就像张院长一样，在很多人熟悉或者不熟悉的角落，都有无数个辛勤劳动的身影。他们用双肩扛起责任，用汗水致敬职责，用良心回馈社会，用努力装点世界。他们的名字各不相同，他们工作的岗位各有千秋。他们是教师、医生、警察、环卫工人……他们兢兢业业、努力奉献，他们的每一分努力，都值得被尊敬和肯定。

1.1.2　传承劳动者默默无闻的奉献精神

无论时代如何变迁，每一个时期的劳模精神在体现不同的内容和特点的同时又有共同点，那就是主人翁的责任感和艰苦创业的精神，忘我的劳动热情和无私奉献的精神，良好的职业道德和爱岗敬业的精神，这些集中体现了中国广大劳动者的先进思想和精神风貌等优秀品质。劳模精神过去是，现在也仍然是。劳模精神引领时代精神，劳模价值创造社会价值。每一个时代的劳模都有其特点，但无论时代如何变迁，永远不变的是劳模精神的本质。

【案例 5-2】

“时代楷模”张桂梅

她扎根边疆教育一线 40 余年，用爱心和智慧点亮万千乡村女孩的人生梦想。“时代楷模”张桂梅（图 5-2）的先进事迹经宣传报道后，在全社会引发热烈反响。

63 岁的张桂梅现任云南省丽江市华坪女子高级中学党支部书记、校长，华坪县儿童福利院（华坪儿童之家）院长。为了改变贫困地区女孩失学辍学状况，她推动创建全国第一所公办免费女子高中，建校 12 年来已帮助 1 800 多位女孩走出大山、走进大学，用知识改变贫困山区女孩命运，用教育阻断贫困代际传递。中央宣传部授予她“时代楷模”称号。

图 5-2 “时代楷模”——张桂梅

如今，张桂梅培养的一届届学生不仅遍布全国各地，在华坪县的各行各业，她的许多学生也已成长为骨干。不少学生在她的影响下，主动扎根到条件艰苦的偏远山区。

“读书时，因为家庭困难，张老师经常偷偷塞生活费给我。在我心中，张老师就像妈妈一样。”华坪女高毕业生山启燕说，“现在我已大学毕业，成为一名乡村幼儿教师。我会谨记张老师的谆谆教诲，到艰苦的地方去，到祖国需要我的地方去。”

在新闻上看到张桂梅那双缠满了止痛胶布的手，云南省肿瘤医院重症医学科主管护师陈明睿忍不住流下了感动的泪水。“张老师默默耕耘、坚韧纯粹的精神深深打动了我。”陈明睿说，“张老师用自己的坚定信念成就了 1 800 多位山区女孩的未来，而我也会用自己的坚持和信念去帮助我的每一位病人。”

“张桂梅老师用一生坚守了立德树人的初心，践行了为党育人、为国育才的使命。”红河学院生命科学与技术学院党委书记杨申宣说，“作为高校教师，我们要学习张桂梅老师的精神，不仅要视学生为亲人，帮助学生成长成才，还要为学生系好人生第一粒扣子，教育引导学生树立远大理想，立志报效祖国。”

广厦千万间，凝聚着每一个建筑者的心血；粮食和蔬菜，源于农民的辛劳和汗水；几只粉笔，三尺讲台，教师为国家输送了一代又一代的人才；救死扶伤，治病救人，医生温暖了一个又一个家庭。食佳肴，可口饭菜，源于厨师的劳动；天南地北，取货派件，源于快递员的劳动；清扫街道，城市美容，源于环卫工人的劳动；安全驾驶，载客送人，源于司机的劳动；守卫边疆，保卫国家，源于士兵的劳动。无数的劳动者给大家带来了一个更美好的世界。

1.1.3 传承劳动者永不过期的时代精神

千百年来，尽管时代在变，但大到一个国家，小到一个家庭、一个人，勤奋敬业、务实苦干一直都是人类不可或缺的宝贵品质。纵观人类文明史，无论是中国的京杭大运河、万里长城，还是国外的埃及金字塔、巴比伦空中花园等世界文明瑰宝，无不凝结着千千万万劳动人民的智慧与汗水；近现代以来，无论是汽车、火车、飞机，还是电灯、电视、互联网等科技结晶，都无不是劳动人民创造得到的。也正是因为一代代劳动者的接续奋斗，才铸就了今日中国追赶世界潮流的发展奇迹，实现了中华民族从站起来、富起来到强起来的伟大飞跃，开创了中国特色社会主义蓬勃发展的辉煌时代。

【案例 5-3】

京杭大运河

京杭大运河是一项令中华儿女为之自豪的伟大工程。京杭大运河的生命之路曲折漫长，它多次扩建和改建，历经 2 000 多年的风雨。它像时代的记录者，见证了过去的绚烂与平淡。京杭大运河也是最古老的运河之一。它和万里长城、坎儿井并称为中国古代三大工程，闻名于全世界。大运河南起余杭（今杭州），北到涿郡（今河北涿州和北京部分地区），途经今浙江、江苏、山东、河北四省及天津、北京两市，贯通海河、黄河、淮河、长江、钱塘江五大水系，主要水源为微山湖，全长约 1 794 千米。

大运河始自春秋吴国为伐齐国而开凿邗沟，隋朝大幅度扩修并贯通至都城洛阳且连涿郡，元朝翻修时弃洛阳而取直至北京，自开凿到现在已有 2 500 多年的历史。2002 年，大运河被纳入了“南水北调”东线工程。2014 年 6 月 22 日，第 38 届世界遗产大会宣布，中国大运河项目成功入选《世界文化遗产名录》，成为中国第 46 个世界遗产项目。

京杭大运河是中国古代劳动人民创造的一项伟大工程，是祖先留给我们的珍贵的物质财富和精神财富，是活着的、流动的重要人类遗产。大运河肇始于春秋时期，形成于隋代，发展于唐宋，最终在元代成为沟通海河、黄河、淮河、长江、钱塘江五大水系，纵贯南北的水上交通要道。在两千多年的历史进程中，大运河为中国经济发展、国家统一、社会进步和文化繁荣作出了重要贡献，至今仍在发挥着巨大作用。京杭大运河显示了中国古代水利航运工程技术领先于世界的卓越成就，留下了丰富的历史文化遗存，孕育了一座座璀璨明珠般的名城古镇，积淀了深厚悠久的文化底蕴，凝聚了中国政治、经济、文化、社会诸多领域的庞大信息。大运河与长城同是中华民族的象征。

中国特色社会主义事业大厦是一砖一瓦建起来的，人民的幸福是一点一滴创造出来的。只有坚持涵养伟大的劳动精神并薪火相传，使之生生不息，才能让“中国精神”在平凡中升华，也才能让我们的祖国更加繁荣昌盛。

1.2 学劳模品德

“民生在勤，勤则不匮。”习近平总书记曾在多个场合表达过尊重劳动、尊重人才的理念。新时代，光荣属于劳动者，幸福属于劳动者，新时代是奋斗者的时代。劳动模范和先进工作者是民族的精英、人民的楷模，我们要高度重视工人阶级和广大劳动群众在党和国家事业发展中的重要地位，立足新发展阶段，推动高质量发展，紧紧依靠工人阶级和广大劳动群众。习近平总书记崇敬劳模，也热爱劳动，在领导岗位上，勤勉工作，做到“案无积卷，事不过夜”。作为青年学子，更应该发扬劳模精神，勤于创造、勇于奋斗，努力在全面建设社会主义现代化国家新征程上创造新的时代辉煌、铸就新的历史伟业。

【案例 5-4】

中国航发黎明高级技师洪家光

短发，瘦长的脸庞上，架着一副细框眼镜，整个人文质彬彬。这样一个看起来似乎有些“文弱”的人，却被同事们称为“拼命三郎”“工作疯子”。靠着一股“疯”劲儿，他实现了 200 多项技术革新，解决了 340 多个技术难题。

他，就是研发出航空发动机叶片磨削用金刚石滚轮制造技术、解决了弯管型芯工装制造难题、中国航发沈阳黎明航空发动机有限责任公司的一线工人洪家光（图 5-3）。

图 5-3　中国航发黎明高级技师洪家光

从一名普通车工，成长为行业内有名的“大国工匠”，洪家光用 20 年的时间，实践着创新路上的一次又一次超越。

正在工作台旁专注操作的洪家光，穿着一身整洁的工装，戴着一双白色的防护手套。这身行头，是他工作多年的“标配”，见证了他为中国航空发动机事业的付出和努力。

叶片是航空发动机重要的组成部件，不仅要承受高温和高压，还需承受上万转速带来的巨大离心力作用。一旦叶片制造出现瑕疵，则可能导致飞机出现不可挽回的后果，突破叶片磨削用工具高精度超厚金刚石滚轮制造技术迫在眉睫。

洪家光与团队主动请缨，接下了加工某重点型号发动机核心叶片修正工具金刚石滚轮阴模工序的任务。

他心里憋着一股劲儿，带领团队不断实践，改善加工方法，挑灯夜战，每天工作 14 个小时以上，翻遍无数资料、文献，饿了就拿出干冷的大饼咬上两口。经过努力和坚持，他们终于攻克了这项难题，也为金刚石滚轮的研制成功走出了至关重要的一步。

几年时间，上千次尝试。洪家光带领团队最终研发出一套成熟的航空发动机叶片滚轮精密磨削技术，为此后的数控化制造和批量生产打下基础。

在洪家光心中，“大国工匠”不仅要坐得住“冷板凳”，还要能精益求精，巧思创新。“产业工人不能靠着传下来的东西吃老本，必须不断学习。”洪家光说，“懂得研究和创新的工人，使用相同设备的加工精度和效率可以提高将近一倍。”

在同事们眼里，洪家光总是能挖空心思想找方法、搞创新。他充分发挥设备、刀具的加工能力，带领团队从多方面下手，解决了弯管型芯工装的制造难题，进而解决了弯管管壁相关的质量问题，有效提升了航空发动机工作的稳定性。

1.3 成劳动梦想

尊重劳动，尊重劳动者，是事关社会根基的大命题。亚当·斯密在《国富论》开篇即提出主张，劳动是国民财富的源泉；马克思的劳动价值理论更进一步提炼了劳动的意义；因为历来重视勤劳致富、信奉劳动创造价值，中国的变革甚至被外媒称为“勤劳革命”。回溯历史，从“铁人精神”到“红旗渠精神”再到“载人航天精神”，正是劳动者手不停歇、抓铁有痕地实干，才成就了今天的辉煌中国。新时代，劳动者的内涵被前所未有地拓展，网络主播、职业电竞选手、健身私教、梦想规划师，这些之前很少见的工种被创造出来，同时也催生了这个时代新的“人生赢家”。随着新发展理念的激荡、供给侧结构性改革的持续推进，细化的分工，既在拓宽劳动者内涵，也在敦促劳动精度的提升。党的二十大报告中提到，“坚持尊重劳动、尊重知识、尊重人才、尊重创造”，其中 3 个词语与劳模、工匠身份有关，建设知识型、技能型、创新型劳动者大军，需要弘扬劳模精神和工匠精神。“民生在勤，勤则不匮。”全面建设富强民主文明和谐美丽的社会主义现代化强国，根本上靠劳动、靠劳动者。幸福不会从天而降，但劳动可以让梦想成真。

【拓展阅读】

大国工匠胡双钱的事迹

胡双钱（图 5-4）是中国商飞上海飞机制造有限公司数控机加车间钳工组组长，被称为“航空手艺人”。2015 年 10 月 13 日，胡双钱在第五届全国道德模范评选中被授予“全国敬业奉献模范”称号。

图 5-4 大国工匠胡双钱

在 30 年的航空技术制造工作中，胡双钱经手的零件上千万，没有出过一次质量差错。

“每个零件都关系着乘客的生命安全。确保质量，是我最大的职责。”

核准、划线，锯掉多余的部分，拿起气动钻头依线点导孔，握着锉刀将零件的锐边倒圆、去毛刺、打光，这样的动作，他整整重复了 30 年。

额头上的汗珠顺着脸颊滑落,和着空气中飘浮的铝屑凝结在头发、脸上、工服上,这样的“铝人”,他一当也是30年。

胡双钱读书时,技校老师是位修军机的老师傅,经验丰富、作风严谨。“学飞机制造技术是次位,学做人是首位。干活,要凭良心。”这句话对胡双钱影响颇深。

一次,胡双钱按流程给一架在修理的大型飞机拧螺丝、上保险、安装外部零部件。“我每天睡前都喜欢‘放电影’,想想今天做了什么,有没有做好。”那天回想工作,胡双钱对“上保险”这一环节感到怎么也不踏实。保险对螺丝起固定作用,确保飞机在空中飞行时,不会因震动过大导致螺丝松动。思前想后,胡双钱不踏实,凌晨3点,他又骑着自行车赶到单位。当他拆去层层外部零部件,保险醒目出现时,胡双钱一颗悬着的心落了下来。

从此,每做完一步,他都会定睛看几秒再进入下道工序,“再忙也不缺这几秒,质量最重要!”

胡双钱从小就喜欢飞机。小时候,为了看飞机,他不惜从家步行两个多小时到大场机场附近,躲在跑道边的农田里看飞机起落。炎炎夏日,他常常被水沟边的蚊虫叮得满身是包。

胡双钱技校毕业后进入上飞公司。一进门,学钣铆工的他就被分配到专业不对口的机加车间钳工工段。一些人走掉了,可老实憨厚的胡双钱选择了留下。凭着“只要能造飞机,自己坚决服从组织分配”的一股劲,他开始了自己的钳工生涯。

30年里,无数艰难时刻他都挺过去了,唯独“运十”飞机(该机型因各种原因下马,编者注)的命运成了他一辈子都无法释怀的心结。现在看到国家又重拾大飞机的梦想,他选择了一种特殊的方式延续再干30年的豪情——把技艺毫无保留地传授给更多胸怀大飞机梦的年轻人。在上飞公司组织的技能大赛中,他带领的班组3位参赛选手,囊括了钳工技能比赛前三名。

胡双钱说:“参与研制中国的大飞机,是我最大的荣耀。看到我们自己的飞机早日安全地翱翔在蓝天,是我最大的愿望。”

能够研发大型客机是一个国家综合实力的体现。在这个处于现代工业体系顶端的产业里,手工工人虽已越来越少,却不可替代,即使是生产高度自动化的波音和空客,也都保留着独当一面的手工工匠。中国商飞总装制造中心高级钳工技师胡双钱就是这样一位手艺人,35年里他加工过数十万件飞机零件,没有出现过一个次品。

1.4 拓展活动:后疫情时代下的行知劳动教育

疫情三年,举国上下,守望相助,众志成城。尤其是那些驰援湖北武汉,日夜奋战在疫情前线的医务工作者、建设医院的工程队、救援运输队、解放军指战员,他们临危不惧、义无反顾、不辞劳苦,无数可歌可泣的英雄事迹深深感染着在校学生。在这场没有硝烟的战争中,作为大学生的我们能做什么?虽不能像白衣天使那样与武汉人民一起战斗在抗击疫情的第一线,但可以用手中的笔,用火热的心,参与到抗击疫情的战斗中。

在后疫情时代下,为提高广大学生的责任意识,可以面向全校学生开展“疫情下的责任与担当”主题征文大赛,让学生用心、用笔参与抗疫,向战斗在抗疫一线的战士们表达最崇高的敬意。

1.4.1 活动主题

征文活动——疫情下的责任与担当。

1.4.2 征文要求

文体不限,字数500字以内,题目自拟,诗歌、散文、小故事、微小说、感谢信均可;文责自负,内容必须真实原创,可以结合身边人、身边事、抗疫期间发生的感人的事以及个人感受写作,抒发自己的真情实感。要求作品思想内容健康向上,讴歌真善美,传递正能量,情感真挚。严禁剽窃抄袭,一经发现,即取消参赛资格。

1.4.3 大赛日程

本次大赛分为作品征集与初选、评委终评、公布获奖名单三个阶段。

第一阶段:征集及初评阶段。

第二阶段:终评阶段。

第三阶段:公布获奖名单。

模块2 以劳强体

"劳动最光荣、劳动最崇高、劳动最伟大、劳动最美丽。"习近平总书记关于劳动意义的阐释在广大学生中引发强烈共鸣。劳动是最平常、最熟悉、最不引人重视的活动,伴随每个人的一生。由于受传统观念影响的束缚,个人的生活习性和生命价值标准不同,人们对劳动的认识感受迥异,轻视劳动、拒绝劳动的现象十分严重,劳动思想教育亟待改进。只有树立良好的劳动观念,强化劳动精神,培养劳动品格,促进学生积极参加社会劳动实践才能完成人生完整的教育。劳动展开大学生的生命世界,实现生命存在的真正价值;大学生在劳动中体悟人生真谛,实现劳动的意义,借助劳动实现人生理想目标。

2.1 家务劳动

2020年3月,中共中央、国务院印发的《关于全面加强新时代大中小学劳动教育的意见》中特别强调:"劳动教育是中国特色社会主义教育制度的重要内容,直接决定社会主义建设者和接班人的劳动精神面貌。"教育部原部长陈宝生指出:"加强劳动教育,关系到亿万青少年全面发展、健康成长,关系到国民综合素质的提升,关系到党和国家事业兴旺发达,对培育和践行社会主义核心价值观,传承和弘扬中华民族优良传统,培养担当民族复兴大任的时代新人,具有重大意义。"

加强新时代劳动教育,让广大青年学子切切实实地感受、体悟到最光荣、最崇高、最伟大、最美丽的劳动价值。家务劳动是家庭成员用于家庭内部事务的自我服务和相互服务的劳动消耗。它是家庭存在和维系所必不可少的活动,是家庭生活的一个组成部分。中国的研究者认为,从社会产品的出现到被人们消费的过程来说,人们从事的社会物质生产劳动是社会产品的生成劳动,而家务劳动则是社会产品的应用劳动。这两种劳动过程的相互联结,表现了人类物质生活的全过程。

家务劳动主要包括三个方面内容:一是生活自理,二是家庭清洁卫生,三是饮食。家务劳动的社会价值是:第一,家务劳动是人们从事其他任何劳动的前提,是整个社会劳动的基础部分;第二,只有通过家务劳动,其他许多劳动产品的使用价值才能最终实现;第三,家务劳动最直接地关系到人的价值。广大青年学子要积极参与家务劳动,在劳动中接受锻炼、磨炼意志、增强责任担当。

2.2 农业劳动

农业劳动是农业生产过程中劳动力的使用和消费。它是人们直接、间接从事农、林、牧、副、渔业生产,创造使用价值的具体劳动。农业劳动过程是人类按照一定的经济目的,以自身的活动来引起、调节和控制生物有机体(植物、动物、微生物)生长、发育、繁殖的过程。同时,农业劳动过程也是人类对农业的社会再生产进行组织、控制和调节的过程。在农业劳动过程中,既有直接从事农副产品生产的劳动,又有紧密围绕生产需要,改善农业生产条件和进行农业社会化服务的劳动;既有直接从事各项生产活动的体力劳动,又有与直接生产活动有密切关系的科技、管理方面的脑力劳动。农业生产成果,正是各种不同劳动的综合成果。

参加农业劳动有很强的现实意义。通过参与农业劳动,学生可以增强自身的体能;参与农业劳动可以提高学生的实践能力和解决问题的能力;参与农业劳动可以提高学生的学习热情。积极参加乡村农业生产的全过程各环节,广大青年学子可以在动手实践、出力流汗中得到锻炼、磨炼意志,真切感悟劳动价值和劳动品质,树立扎根人民的群众意识,厚植人民至上的宗旨情怀。

2.3 勤工助学

勤工助学(或勤工俭学),指学生在学校的组织下利用课余时间,通过劳动取得合法报酬,用于改善学习和生活条件的实践活动,是学校学生资助工作的重要组成部分,也是提高学生综合素质和资助家庭经济困难学生的有效途径。

2.3.1 勤工助学的意义

首先,高校勤工助学可以获得一定的报酬,这是勤工助学最直接的现实意义,也是对贫困学生最为有效的经济支持。虽然高校勤工助学的收入要低于校外勤工助学的工资水平,但是在校内工作一方面能够最大限度地保证自己的学业,另一方面也避免了在校外上当受骗的可能,对学生的安全有一定的保障,是许多贫困学生的首选。

其次,高校勤工助学是锻炼当代大学生思想品格的重要途径。当下大学生普遍害怕吃苦,缺乏服务精神和团队意识,责任意识不强,且对父母有依赖思想。因此,参加勤工助学工作能够让学生感受到生活的艰辛,体会到自立自强的真正内涵,帮助他们树立自信心,培养服务精神和责任意识,在团队中学会面对激烈的竞争,提高他们的心理承受能力,培养危机意识。与此同时,由于高校中勤工助学工作基本以学期为单位,因此在长期的工作中,能够培养学生的自我约束能力、劳动意识和职业道德。通过勤工助学帮助学生树立正确的人生观、价值观和世界观，这些都将成为他们以后人生路上的宝贵财富。

最后，高校勤工助学有利于提高学生的综合能力，为他们将来走向社会打下基础。目前，"就业难"已经成为全社会关注的话题。高学历不等于高收入已经成为普遍现象，这与现代大学生眼高手低的现状息息相关。现在多数大学生缺乏动手能力，普遍认为在大学期间只要把该学的功课学好就够了，至于工作实践是毕业之后的事情。但是从近几年的就业现状来看，用人单位普遍青睐有工作经验的毕业生。这不仅仅是因为在他们的简历中多了一行简单的工作经历，更重要的是他们在长期的工作中积累了丰富的经验。高校勤工助学的实践能够让学生锻炼自己的语言和写作能力，提高沟通水平，学会如何与人交往，使他们提前向职业化的角色转变。

对当前的大学生来讲，勤工助学是他们从学校向职场过渡的一个重要的中间环节，不仅能够帮助贫困学生完成学业，对大学生的工作能力、思想品德等方面更有着积极的意义。高校应该多鼓励学生在校期间参与学校勤工助学等各类活动，为他们将来走出校园，进入职场打下坚实的基础。

2.3.2 勤工助学的方式

一般而言，每个学校都会为学生提供一些勤工助学的岗位，如帮助学校图书馆整理图书、在食堂帮厨、打扫校内卫生等。再如协助老师搞研究，这是名副其实的"助学"，学生可以利用自己的专业和专长协助老师进行科学研究，并赚取一定的劳务费。由于大学生的科研能力还处于较低的水平，所以往往只有个别高才生才能有此"荣幸"。

2.4 志愿服务

志愿服务一般是指志愿者组织、志愿者服务社会公众生产生活和促进社会发展进步的行为。或者说，志愿服务泛指利用自己的时间、技能、资源、善心为邻居、社区、社会提供非营利、无偿、非职业化援助的行为。志愿服务是指任何人志愿贡献个人的时间及精力，在不为获得任何物质报酬的情况下，为改善社会风气、促进社会进步而提供的服务。

奉献精神是高尚的，是志愿服务精神的精髓。志愿者通过参与志愿服务，促进了社会的进步，同时自身也得到了很大提升。志愿服务的范围主要包括：扶贫开发、社区建设、环境保护、大型赛会、应急救助、海外服务等。广大青年学子应根据自身情况积极参加志愿服务，用实际行动践行"奉献、友爱、互助、进步"的志愿精神，兑现自己对党和国家的诺言，诠释着当代青年大学生的责任与担当。

2.5 拓展活动：身边的朗读者——致敬劳动者

为了活跃校园文化，展现当代大学生劳动的风采，丰富大学生的文化生活，实现劳动故事感染人、鼓舞人、教育人的传导作用，展现有血有肉的真实人物情感，培养学生的读书兴趣，提高学生的普通话水平和文化素养，营造浓厚的校园文化氛围。结合学校实际情况，举办"做最真诚的朗读者，大学生劳动故事分享会"实践活动。

2.5.1 活动主题

做最真诚的朗读者,大学生劳动故事分享会。

2.5.2 展演要求

(1)内容:所选作品体裁不限,内容要求结合实际、紧扣主题、表达准确、充实生动、积极向上、有真情实意。

(2)表达:普通话标准,口齿清晰,声音洪亮,正确把握朗读节奏,富有感召力,朗读抑扬顿挫。

(3)仪态:精神饱满,姿态得体,感情真挚,表达自然,能通过表情的变化反映朗诵的内涵。

(4)台风:能正确把握朗读内容,声情并茂,富有韵味和表现力,能与观众产生共鸣。

请同学们通过参与以上实践活动分享劳动者的成果,并谈一谈自己的体会。

模块3 以劳育美

2018年,习近平总书记在全国教育大会上号召“要在学生中弘扬劳动精神,教育引导学生崇尚劳动、尊重劳动,懂得劳动最光荣、劳动最崇高、劳动最伟大、劳动最美丽的道理,长大后能够辛勤劳动、诚实劳动、创造性劳动”,明确揭示了劳动教育与美育密不可分的内在联系,二者的有机结合对大学生世界观、人生观和价值观的塑造产生重要作用,能够帮助大学生得到全面、整体、可持续的发展。因此劳动教育成为大家关注的热点之一。

3.1 慧眼慧心发现美

雷锋同志说,青春是美好的,但真正的青春只属于那些力争上游、永远忘我劳动的人。高尔基也曾说过,劳动是世界上一切欢乐和一切美好事情的源泉。

回望历史长河,纵观人类发展,我们会发现,人类从刀耕火种到机械生产,从草叶为衣到绵丝织锦,从莽莽荒原到大厦林立,靠的都是劳动,劳动创造了物质财富和精神财富。时至今日,依旧是劳动在推动着人类的进步。过去,劳动创造了世界,翻开了人类文明的篇章;如今,劳动带来了幸福,打开了一扇新世界的大门。我们的身边有一些人,用自己的努力发现劳动的美并传播劳动的美。

【案例5-5】

新媒体时代劳动者之美的传播者——李子柒

李子柒(本名:李佳佳),1990年出生于四川省绵阳市,中国内地美食短视频创作者。

2015年,李子柒开始拍摄美食短视频。

2016年11月,她凭借短视频《兰州牛肉面》获得广泛关注。

2017年,她正式组建团队,并创立了李子柒个人品牌;6月16日,她获得新浪微博超级红人节“十大美食红人奖”。2018年,李子柒的原创短视频在海外运营后相继获得了YouTube平台白银和烁金创作者奖牌。

2019年8月,李子柒除了成为成都非遗推广大使,她还获得了超级红人节“最具人气博主奖”“年度最具商业价值红人奖”；12 月 14 日，她还获得《中国新闻周刊》“年度文化传播人物奖”。

2020 年 1 月 1 日，李子柒入选《中国妇女报》“2019 十大女性人物”；5 月 19 日，她受聘担任首批中国农民丰收节推广大使；8 月，她当选为第十三届全国青联委员。

2021 年 2 月 2 日，吉尼斯世界纪录发文宣布，李子柒以 1 410 万的 YouTube 订阅量刷新了由其创下的“YouTube 中文频道最多订阅量”的吉尼斯世界纪录。2 月 28 日晚，2020 新浪微博之夜在上海举行，李子柒获“微博年度热点人物”。

2019 年，李子柒携手新浪扬帆公益基金，为四川省的 3 所小学捐赠图书室，共计捐赠图书 1 728 册，受益人数 4 823 人；同年，加入微博扶贫助威团助力“三区三州扶贫助威行动”，在原创视频中植入大凉山雷波鸡蛋；之后，以中国扶贫基金会善品推广大使身份助力雅安蒙顶山红心猕猴桃和乡村振兴公益活动，在原创视频中植入雅安红心猕猴桃。

2020 年新年伊始，李子柒得知家乡绵阳北川多所小学电脑使用多年、配置较低，给教学带来了不便。在深入了解情况后，李子柒主动提出向北川 9 所小学捐赠了 100 台电脑，用于改善教育条件 。

李子柒是一位现实中的造梦者，也是一位让梦想成真的普通人。在乡野山涧之间，在春风秋凉的轮替之中，她把中国人传统而本真的生活方式呈现出来，让现代都市人找到一种心灵的归属感，也让世界理解了一种生活着的中国文化。她用一餐一饭让四季流转与时节更迭重新具备美学意义，她让人看到“劳作”所带给人的生机。

3.2 巧思巧手创作美

劳动创造生活，创造出生活中无所不在的美，小到一粒粮食、一盘果蔬，大至一处园林、一座城市。劳动向世人尽显它的肢体语言，在鼻翼翕张的粗重喘息中，在一片翻卷的扬尘背后，在一段梦幻的舞蹈曲线里，在一滴汗水释放的钙盐中，无不流动着劳动的美学导向。

劳动美学在穿越农耕渔牧时代的同时，也带来了手工制造及冶炼作坊的各式美。无论青瓷或白瓷，瓷身上流溢的釉光都是浴火重生的大美，涵盖每一件精致的器具。掐丝珐琅制品，鎏金佛像或景泰蓝、唐三彩，如果轻轻抚摸它们的美，就能透过这些美抚摸到每一位能工巧匠心灵手巧的活计，他们用手里的工具告诉我们“什么才是最美的劳动”。

【案例 5-6】

在勇于奋斗中铸就“劳动之美”——高安培

2020 年 11 月 24 日，对于中国建筑第二工程局有限公司工程管理部副总经理高安培而言，是一个永生难忘的日子。这一天，他和其他全国劳动模范一起，走进北京人民大会堂参加全国劳动模范和先进工作者表彰大会，接受党和国家领导人的颁奖。

从 2007 年大学毕业起，高安培在中建二局一干就是 13 年。这 13 年，高安培从最基层的技术员干起，扑下身子，踏踏实实奋战在施工最前线，一步步在奋斗中实现了人生价值。

急难险重中的“及时雨”

2020 年大年初二的早晨，寒冷和干燥充斥着沈阳的街头。沈阳市第六人民医院停车场，高安培和首批抢建员工一起来到这片“战场”。原来,新冠病毒感染疫情暴发后,辽宁省委省政府第一时间把沈阳市第六人民医院定为区域救治中心,中建二局北方公司将负责沈阳市第六人民医院负压病房改造和隔离观察病房建设的工作。高安培立即请命,担任沈阳六院改扩建工程指挥部副总指挥兼工程组组长。这一宿,高安培几乎一眼没睡,全部时间都用来紧急联系各种生产资源。

对于具有丰富施工经验的高安培来说,承建改造第六人民负压病房建设隔离病房,是他建筑生涯中最小的项目,但却是时间最紧、任务最重的项目。他深深地知道,这是一个前所未有的项目,必须分秒必争。能提前移交一分钟,就能遏制住疫情的蔓延,他们是在跟死神赛跑,与疫情博弈。

虽然困难重重,但军令如山,疫情就是命令,防控就是责任。高安培首先面临着人员严重不足的问题。他第一时间联系人员,在公司发出“英雄帖”,短短半天的时间里,就火速集结了将近两百多人的队伍。党员先锋队和青年突击队也迅速成立。一百多勇士举起右手、紧握拳头,庄严宣誓。气贯长虹的誓言,壮志凌云的豪情,令人热血沸腾。

快,再快些!高安培与时间赛跑,他利用已经建立的劳务分包资源库,组织劳务、机电等队伍10余支,召集工人800余人,为项目施工生产做好了前期准备。第一套施工图出图后,施工单位进场,工程正式开工。与此同时,高安培开始确定相关设备厂家以及敲定供货时间。经过不眠不休的8个昼夜,2月3日晚10点,隔离病房交付完成;又继续奋战5个昼夜,2月8日晚11点,负压病房交付完成。

爱岗敬业的“拼命三郎”

在沈阳六院建设的非常时期,高安培始终冲锋在第一线,经常是天不亮第一个扎进现场,深夜最后一个离开现场。他每天仅睡三四个小时,即便是睡觉,手里也握着手机。高安培不仅要确保工程进度,还要确保施工人员的安全防护。每天他都要求各部门汇报防疫工作,确保每一个施工人员不被感染。5月14日,《沈阳日报》刊发了题为《“无胆”英雄高安培连夜6小时铺完2 562米电缆》的报道,向市民讲述了“沈阳速度”背后的“中建温度”。

当时的情境下,人们对未知的疫情产生了高度的恐惧。家人打来电话,听到他沙哑的声音,禁不住流下泪来。家人知道,高安培是个出了名的“拼命三郎”,任何艰难险阻都不能阻止他的义无反顾。早在2014年夏天,作为四平万达项目经理,在工期最紧张的阶段,他腹部疼到不能再坚持,不得不动胆摘除手术。刀口刚刚愈合的第五天,他就马上回到了项目工地。正值炎热夏季,他的伤口很快就感染化脓,只能每两天去趟医院把外面长好的皮割开,挤出脓液。当时项目同事都劝他赶紧回家休养,但他谢绝了大家的好意,吃住都在项目工地,一直坚持了两个多月,伤口才完全愈合。儿子出生时,他的爱人预产期正是他与业主商讨土方定价的关键时期,眼看着预产期已过三天,他一直没能回去。公司主要领导得知后,连续打了好几个电话劝他,他才离开项目现场。

“我们都是萤火,就要照亮远方。”高安培始终燃烧着自己,用青春铸就对建筑事业的忠诚。他将不忘初心,继续努力,不驰于空想,不懈于奋斗,充分发挥一名共产党员的先锋模范作用,在勇于奋斗中继续谱写“劳动之美”,为企业发展贡献自己的力量。

3.3 拓展活动:主题演讲——寻找最美劳动者

国际劳动节又称“五一国际劳动节”,是世界上 80 多个国家的全国性节日,定在每年的五月一日。它是全世界劳动人民共同拥有的节日。生活中的劳动者无处不在,有面朝黄土背朝天的农民伯伯;有为了使他人幸福,在春节却不能与家人团聚的火车司机;有在疫情面前逆行而上的“白衣天使”。因为有了他们,我们的生活才如此精彩,我们的世界才得以进步。

在这特殊的节日里,要向身边默默奉献的劳动者致敬。为树立同学们正确的劳动价值观,认识到劳动最光荣,尊敬劳动模范、弘扬劳模精神,结合学校实际情况,特举办一场主题为“寻找最美劳动者”的演讲比赛。

3.3.1 活动主题

主题演讲——寻找最美劳动者。

3.3.2 比赛规则

决赛:通过初赛的选手将进入决赛现场进行演讲(可自行准备背景音乐)。

作品要求贴合主题、联系实际、立意鲜明、严禁抄袭。

3.3.3 比赛奖励

通过初赛审核即可获得精美小礼品一份!决赛前五名还可获得多款常用软件之一的一个月会员使用权。

你们还在等什么,赶快过来投稿吧,让更多的人了解到劳动最光荣!

模块 4 以劳增智

“利民之事,丝发必兴。”劳动是推动人类前行的根本动力,而在新时代的历史方位下,如何对“劳动”这个神圣的词汇进行再赋能、再定位,这又是很多青年需要思考的问题。

历史证明,每一次推动时代前行的力量,必然是发轫于劳动升级的一步一履。信息工业革命使全世界开始了方兴未艾的产业升级,推动了很多传统行业的深层次革命,包括大数据、云计算、人工智能、共享经济等新兴产业,各国正在努力抢占产业制高点,这也使得智慧劳动的概念及其重要性凸显。智慧劳动的出发点是助推经济发展,而落脚点是以新业态来促进人类命运共同体的建设。一个国家发展能否抢占先机、赢得主动,取决于劳动的何种打开方式。从这个宏观维度来说,要进行高效率的智慧劳动,不仅事关自身的价值发挥,更在于对时代的呼应。

智慧劳动,是对当前新科技、新产业和新业态的一种集大成式的对接方式。辩证地看,目前智慧劳动的人力资源还是稀缺的。当前,高质量发展正处于蓄势跨越的关键时刻,青年人就更当有一种时不我待的紧迫感和功成有我的责任感,争做智慧劳动的生力军,就此打开未来人生的新图景。

凡益之道,与时偕行。习近平总书记曾强调,要“建设知识型、技能型、创新型劳动者大军”。目前,我国新一轮科技革命和产业变革正在蓬勃兴起,但是距离系统化的智慧劳动还具有一定的距离。基于此,青年人在智慧劳动中,就更需对标国际技术标准和产业动向,去要空间、要动力、要质量。唯有主动搏击、创新制胜,舍此别无他途。

4.1 寻根求源,启动劳动智慧

4.1.1 智慧劳动为“创新创业”增力提速

扫一扫:创业者们的故事

全国劳动模范姜世强说:“我将立足岗位,发挥自己的聪明才智,多搞技术革新,为增强企业核心竞争力作出贡献。”全国劳动模范杨杰说:“我将继续扎根煤海,以岗位为舞台,聚力创新攻关。”

劳动是世界一切快乐和一切美好事物的源泉。“天道酬勤”“勤则不匮”。一分耕耘,一分收获。劳动创造财富、提升品质、缔造幸福、实现梦想,让人收获喜悦和满足。劳动创造了人类、创造了文明,劳动最光荣。随着科技的迅猛发展,人们的劳动观念、劳动方式也在发生变化。但尊重劳动、热爱劳动、辛勤劳动、劳动光荣、劳动最美,永远都不会过时。正如淮北姜世强、杨杰两位劳模所言“多搞技术革新”“聚力创新攻关”一样,在这个“大众创新、万众创业”的时代,我们必须顺应社会发展和需要,大力倡导智慧劳动。

劳动无贵贱,只是分工有不同、岗位有差别。倡导智慧劳动,并不是要舍弃辛勤劳动,也不是否定和轻视体力劳动,而是鼓励每位劳动者立足岗位,不断学习新知识、新技能,充分发挥自己的聪明才智,多搞技术革新和创新,增强劳动本领,提高劳动效率,把自己从繁重的体力劳动中解放出来;敢于攻坚克难,遇到困难不回避,想方设法去解决;勇于探索突破,敢想敢试,勇于打破常规去探索未知,找到新方法新规律;始终保持“不放弃、不退缩”钻劲和韧劲,遇到挫折不气馁。

创新才有发展,创新才能超越。但创新不是一句口号,需要智慧作支撑,也需要实干来实现。智慧劳动将二者紧密结合在一起,让每位劳动者用智慧和科技在自己的劳动岗位上大胆求新求实,既能苦干、实干、乐干,还能巧干;积极探索、实践,敢闯敢干不蛮干,实干不死板,巧干不钻营,让自己付出的劳动发挥出最大效益,不断促进劳动“转型”,推动自主创新和可持续发展,为创新创业增力提速。

智慧劳动也是对工匠精神的弘扬。智慧劳动致力于革新创造,精益求精,追求劳动品质和劳动效益;不仅仅把劳动当作谋生的手段,还当成个人实现人生价值的平台。青年人要始终崇尚劳动,以劳动为荣、为美,树立对劳动的敬畏和责任,想方设法提高自己的劳动技能,在小小的劳动岗位上奉献才智开创大事业,充实个人生活,实现自我价值。

“劳动光荣,创造伟大。”顺应创新创业时代要求,劳动也需“转型”,让智慧劳动为实现中华民族伟大复兴的中国梦注入更强大的力量。

4.1.2 “智慧型”劳动创造高价值

游梁式抽油机是油田开采常用的抽油设备。抽油机尾轴承、中轴承是抽油机发生故障的多发点,严重时会造成抽油机的翻机事故。一直以来,常用的保养方法靠人工加注润滑脂,需要 2~3 人配合,由一人拴安全带攀爬到中尾轴承位置,一手持黄油枪桶体,一手反复用力压下手柄给润滑点注油。因黄油枪容量较小,有时保养一个轴承需注油 2~3 次,工作效率低、操作难度大,高空作业安全隐患大,这一直是采油工的一块心病。

有没有办法解决这一难题呢?如何从原来高空操作变成地面操作?如何实现在不停机的情况下的操作?如何从多人配合操作变成一人操作?采油工的心病,同时也成了工人技师、中石化劳模毕新忠反复思考、琢磨、推敲的问题。毕新忠决定突破以前的思路,独辟蹊径。他带领以他名字命名的创新工作室成员开展“头脑风暴”,经过反复试验,形成了通过从地面给抽油机各润滑点加注润滑油的思路,采用“加一点、多一点”的创新思维,成功研制出了“地面加注润滑油装置”。

装置由“地面脚踏注油器”和“注油管线”两大部分组成,注油管线与各润滑点连接并固定在抽油机上,只要脚踩“地面脚踏注油器”就轻松搞定,从而使原来由高空、2~3 人配合操作变为 1 个人简单的地面操作,使职工从“高、难、险、重复”的高空作业中解放出来,加工 1 套装置成本只有 100 多元。

以往抽油机中尾轴承注油润滑操作时必须停机操作,一般停井时间在 20~30 分钟。创新工作室成员、毕新忠的徒弟张和伟通过一段时间的努力,做到使用该装置后不需停机,操作人员可根据抽油机各部位的润滑状况,随时进行保养。该装置在全队推广后,一年可减少停井造成的产量损失 60 吨,取得经济效益 24 万元,大大提高了操作的安全性和工作效率,有效提高了保养质量,延长了轴承乃至抽油机的使用寿命。此外,该装置还能避免保养停井引起出砂、油稠造成的躺井事故,可谓一举多得。

改革开放以来,我国亿万企业职工开始了从体力型、数量型向智慧型、集成型转型,开创了“智慧型劳动”的新时代。从上面的案例中可以看到,毕新忠及其创新团队的成功是敢于突破框框、独辟蹊径、善于动脑、勇于创新的结果,是充满智慧的劳动让复杂的难题变得举重若轻。

现在,有不少员工或许对按部就班的劳动司空见惯,日复一日、年复一年地干着平凡的工作,而没有思考要做前人没有做过的“原创性”工作、从事“智慧型”劳动,刚参加工作时的豪情已被平凡而重复的劳动消磨得荡然无存,激情在日复一日的劳作中消失殆尽。在这个过程中,不能说没有付出劳动,也不能说不劳累,更不能说这样的劳动没有意义,可就是因为所付出的劳动缺少创造性,所以才使所有付出缺少些许色彩而乏善可陈。如果任其发展下去,久而久之,这样的人生也会因缺少了精彩而变得毫无生机和乐趣。

其实,每一个劳动者都是智慧人,如果对原始人来说,体力比智力重要,那么如今知识则比体力更重要,智慧比汗水更重要。创造性劳动、智慧型劳动是势在必行、大势所趋。

4.2 千锤百“练”,中国工匠技艺闪耀全球

扫一扫:中国工匠技艺闪耀全球

世界技能大赛由世界技能组织举办,被誉为“技能奥林匹克”,是世界技能组织成员展示和交流职业技能的重要平台。

世界技能大赛比赛项目共分为 6 个大类,分别为结构与建筑技术、创意艺术和时尚、信息与通信技术、制造与工程技术、社会与个人服

务、运输与物流，共计46个竞赛项目。大部分竞赛项目对参赛选手的年龄限制为22岁，制造团队挑战赛、机电一体化、信息网络布线和飞机维修4个有工作经验要求的综合性项目，选手年龄限制为25岁。

世界技能大赛的举办机制类似于奥运会，由世界技能组织成员申请并获批准之后，在世界技能组织的指导下与主办方合作举办。第41届世界技能大赛于2011年10月在英国伦敦举办，第42届世界技能大赛于2013年7月在德国莱比锡举办，第43届世界技能大赛于2015年8月在巴西的圣保罗和阿联酋的阿布扎比举办，第44届世界技能大赛于2017年10月在阿联酋阿布扎比举办，第45届世界技能大赛于2019年8月在俄罗斯喀山举办。而第46届世界技能大赛计划于2021年在中国上海举办，最终因新冠疫情影响而取消。

【案例5-7】

金牌是这样练成的：第44届世界技能大赛工业控制项目金牌选手袁强

“缩短时间、加大难度、制造意外等‘挖坑’式训练，是我们的‘家常便饭’！”

“金灿灿的奖杯，光闪闪的奖牌，掌声涌着国旗，几度梦中走来。多少次拼搏，多少次失败，我们执着地追求，从不更改。”

正如歌中唱的一样，每个成功的背后，都镌刻着失败后的锲而不舍和从未改变的执着。

“我十分珍惜来之不易的参赛机会，抓住一切时间加强训练，每天训练时长都在15小时，近两年里，我总共休息不到20天。”从被筛出局到世界冠军，第44届世界技能大赛工业控制项目金牌选手、山东工业技师学院学生袁强多了几分成熟和笃实。

2015年，袁强参加工业控制项目校内选拔赛时，第一轮就遭淘汰，但他并没有放弃。在他的努力争取下，他得到了旁听、观摩训练和利用选手下脚料训练的机会。就这样，在新一轮的比赛中他成功复活，成为学校种子选手。2016年5月，他获得山东省选拔赛第一名；2016年8月获得第44届世界技能大赛全国选拔赛第一名并成功入选工业控制项目国家集训队。在国家集训队选拔赛中的三个阶段，他又分别以“9进5”选拔赛第一名、“5进2”选拔赛第二名、“2进1”选拔赛第一名的成绩，一举拿下了宝贵的世界技能大赛工业控制项目唯一的参赛名额。

“我自己的体会：一是要坚持与执着，永不放弃；二是要精益求精，一丝不苟；三是要耐住寂寞，专心致志；四是要善于思考，勤学苦练。”不管走到哪里，袁强都毫不保留地把“金牌秘籍”分享给大家。他说奋斗者是幸福的，也只有奋斗才能成就无悔的青春！

【案例5-8】

人生各有轨迹：第43届世界技能大赛汽车喷漆金牌选手杨金龙

“我出生在云南保山的一户农民家庭，上初中时家里的年收入就3 000元左右吧。2009年初中毕业，15岁的我选择到不需要学费的技校继续求学。”家境贫寒并没有挡住第43届世界技能大赛汽车喷漆金牌选手、杭州技师学院教师杨金龙（图5-5）投身技能大赛、摘金夺冠的脚步。

在上技校之前，杨金龙连汽车都没有摸过，但一碰到各种颜色的油漆，他就跟着了魔一样，对喷漆技术到了痴迷的程度，常常能为了攻克一个问题而在实训车间待上一个通宵。正是凭着这股真爱肯钻、勤学苦练、精益求精的劲头儿，2011年他获得学院技能运动会冠军，2012年夺得浙江省中职技能大赛冠军和全国大赛二等奖，2013 年被绍兴奥迪 4S 店高薪挖走，2014 年接受母校邀请义无反顾回校参加世界技能大赛集训，2015 年夺得世界技能大赛冠军。

图 5-5　第 43 届世界技能大赛汽车喷漆项目冠军杨金龙（左二）

“有人问我 2013 年为什么放弃高薪返校参加世界技能大赛，在我眼里，学技术、练技能比拿高薪更重要。”杨金龙表示，在学习、训练、比赛过程中自己学到了想学的调漆技术，掌握了调漆技能，也感受到了外面的精彩世界。

“上初中时，我的成绩并不突出，中考时刚刚达到普通高中分数线。我想自己从小动手能力较强，就提出上技校的想法，最终父母尊重了我的选择。”杨金龙认为社会上包括自己的长辈，总是或多或少戴着有色眼镜来看待技校和技校生，习惯把技校生和本科生做比较，其实这是学历和技能两条路，既没有什么冲突，更没有什么不好，人各有志，业有专攻，适合自己最好。

2018 年新年伊始，杨金龙又多了一重身份——第十三届全国人大代表。全国“两会”前，他认真调研，收集基层技能人才的声音，希望能为技能人才多发声。全国“两会”期间，他提交了《关于进一步加强高技能人才培育工作的建议》和《关于进一步优化技能人才成长环境的建议》两个提案。

“能坐在神圣的人民大会堂，代表广大技能人才说说心里话，是我做梦都没有想到的。我的人生因技能而改变，我的梦想因技能而成真！”既“建功”又“立言”，作为青年技能人才的杰出代表，自打在世界技能大赛上一展身手，杨金龙的人生轨迹就发生了翻天覆地的变化。1994 年出生的他，成为浙江省第一个也是目前唯一的特级技师；被破格提拔为杭州技师学院教师，享受教授级高级工程师待遇；先后获得国家、浙江省、杭州市等各级的百万元奖励；荣获浙江省五一劳动奖章荣誉称号。同时，他还兼任共青团浙江省第十四届委员会候补委员、浙江省青联委员、杭州市第十一届政协委员、杭州市青联委员等社会职务。

“国家给了我们政治、经济、社会等方方面面的优待，这足以说明，年轻人靠技能立业的崭新时代已经到来。”杨金龙呼吁，虽然不可能人人都去拿世界技能大赛奖牌，然而把技术学到极致，是人人都可以追求的。

【拓展阅读】

世界技能大赛特别赛金牌选手姜雨荷：用奋斗照亮多彩青春

在2022年世界技能大赛特别赛化学实验室技术项目上，20岁的姜雨荷拿下金牌，实现了我国在该项目金牌上“零”的突破。获奖那天，姜雨荷（图5-6）身披国旗登上领奖台，泪水夺眶而出。

图5-6 世界技能大赛特别赛金牌选手姜雨荷

初中毕业后，姜雨荷踏上了南下打工之路。枯燥的打工生活让她一度怀疑人生，她决心重返校园，学门真技术。姜雨荷坦言，走进河南化工技师学院，就像开启了惊喜的盲盒。她第一次知道了世界技能大赛，见到了第45届世界技能大赛工业控制项目铜牌获得者贺江涛。她立志要向最优秀的人看齐，也要奔向世界的舞台。

备赛过程并非一帆风顺，常常一个动作要重复成千上万遍，模拟测试更是家常便饭，每天训练长达十四五个小时。按规定，比赛中必须使用“化学滴定法”，关键时刻，单次滴入溶液的量要精确到四分之一滴，也就是0.01毫升，极轻微的手抖都可能前功尽弃。这几年姜雨荷的训练时间累计超过14 000小时。

除了高难度的操作要求，化学实验室技术项目还要求选手独立撰写大篇幅、高质量的英文实验报告，这对很多本科生甚至研究生来说都是巨大的挑战。初中毕业的姜雨荷为了顺利完成比赛，一字一句地啃起了“硬骨头”。她随身携带单词本，吃饭时背、睡觉前背、走在路上继续背。终于，在世界技能大赛特别赛上，她以优异成绩完成了长达11页的英文实验报告。“英文是母语的外国选手，现场也向我竖起了大拇指。”姜雨荷骄傲地说。

如今，姜雨荷已成为学院最年轻的教师，她想让更多学生热爱技能、学习技能、掌握技能，用技能实现人生梦想，用技能更好地回报国家与社会。

4.3 拓展活动：知识竞赛——美好生活，劳动创造

为了更好地对广大学生进行劳动知识的阅读普及和检测了解，有效提升“美好生活，劳动

创造”教育活动的效果，结合学校实际情况，组织开展新时代好少年“美好生活，劳动创造”主题教育活动知识线上竞赛。

4.3.1 活动主题

知识竞赛——美好生活，劳动创造。

4.3.2 竞答内容

本次线上知识竞答题目均来自全国活动办编写的《美好生活，劳动创造》读本和“劳动教育专题阅读”在线资料，两部分资料各占题库的50%。其中“劳动教育专题阅读”内容设置有理论实践、最美奋斗、最美科技、时代楷模、疫情防控中最可爱的人等共100多篇文章，可以搜索关注“新时代好少年”公众平台（微信号：xsdhsn），点击“新时代好少年”微信公众平台菜单栏中“劳动专题”栏目，即可进入“劳动教育专题阅读”页面进行在线阅读。

4.3.3 参加方法

参加学生通过手机微信搜索关注“新时代好少年”微信公众号，进入公众号后，选择“劳动专题”菜单，点击“知识竞答”进入“悦读王者”小程序，再点击“知识竞答”活动页面，在竞答首页中填写参加学生个人信息后提交，然后点击“测试”答题，学生即可按照提示答完所有题目后由系统将自动提交，则竞答完毕。

4.3.4 竞答说明

本次知识竞答由系统随机抽取50道题，需要参加学生一次答完所有题目，系统显示“答题完毕”才完成作答。

答题中，每道题只有一次答题机会，参加学生选择相应选项后，系统将马上给出答题情况是否正确，然后继续选择下一道题目，直至答题完毕。

中途退出答题将作弃权处理，不记录成绩，不参与评选。

每位参加学生有且只有2次答题机会，取成绩最高一次。若参加学生利用多个微信号进行多次答题的，评选仅统计参加活动学生第一次答题成绩。

4.3.5 表彰奖励

将按照参加学生竞答准确率（成绩），由系统自动评选出优秀选手，颁发证书予以表彰，名额比例另行通知。

模块5 以劳创新

2013年4月28日，习近平总书记等党和国家领导人来到全国总工会机关，与来自全国各行各业的劳动模范代表同庆五一节，共话“中国梦”。在听取9位全国劳动模范代表的发言后，习近平总书记发表重要讲话，明确指出：“必须牢固树立劳动最光荣、劳动最崇高、劳动最伟大、劳动最美丽的观念，让全体人民进一步焕发劳动热情、释放创造潜能，通过劳动创造更加美好的生活。”“实现我们的奋斗目标，开创我们的美好未来，必须紧紧依靠人民、始终为了人民，必须依靠辛勤劳动、诚实劳动、创造性劳动。”“必须充分发挥我国工人阶级的重要作用，焕发他们的历史主动精神，调动劳动和创造的积极性。”

在习近平总书记的讲话中，出现频率最高的是“劳动”和“创造”，而与其相连的关键词就是“创造性劳动”。“创造性劳动”就是创新性劳动。即通过人的脑力劳动萌发出知识、技术、思维、人格和文化的创新，从而高效提升劳动效率、产生出超值社会财富或成果的劳动。

5.1 新时代大学生创新创业的内涵与路径

扫一扫：以劳创新——走出大学校园的创业故事

青年是祖国的未来，大学生是青年群体中的精英，党和国家对青年和大学生寄予了厚望，多次强调青年创新创业的重要意义，鼓励大学生勇于投身创新创业。全面分析当前大学生创新创业的现状，对于指导新时代大学生创新创业具有重要意义。

5.1.1 新时代大学生创新创业的重要意义

大学生是国家宝贵的人才资源，也是创新创业的生力军。大学生创新创业对于推动国家、社会、高校、个人的发展都具有重要意义。

推动国家科技创新发展。青年期是一个人干事创业热情最高的时期，其创新创业的能力最为强盛。朝气蓬勃的青年科技创新人才不仅是国家创新的活力所在，更是我国科技发展的希望。因此，大学生要勇于创新创业，开发自身的创新潜能，增强自身的创新思维和创新能力。争当青年科技创新人才，勇于担当创新创业的排头兵，敢于走在创新创造的前列，为建设社会主义现代化强国充分发挥大学生的积极性和创造性。

新时代我国社会主要矛盾的变化决定人民美好生活需要不仅仅是物质需要的满足，还有很多其他因素，但主要是发展不平衡不充分的问题。而发展不平衡不充分的问题主要表现在城乡之间的差距。为此，国家提出了脱贫攻坚、乡村振兴战略等，实施了一系列支农、惠农政策，着力缩小城乡间的差距。这些战略的实施，为大学生尤其是出身农民家庭的大学生返乡创业提供了新的机遇。扶贫先扶智，增强贫困地区的造血功能，激发贫困人口自力更生、敢于担当的斗志，才是扶贫、脱贫的长远之策。“农二代”大学生返乡创业既为农村经济发展提供了人才支撑，又推进了乡村振兴战略的实施。同时，推进农村贫困地区的创新创业，可以激发当地贫困人口勇于创业、敢闯敢干的精神，激励他们用自己辛勤的双手开创美好生活。将“输血”与“造血”结合起来，才能永久脱贫，打牢共同富裕的根基。

缓解高校毕业生就业形势。我国高等教育毛入学率在2020年已达到54.4%。随着高校不断扩招，毕业生的数量在逐年增加。2022年，我国高等院校毕业生数量已达到1 076万。同时，由于政府机关减员、经济结构性调整和产业优化升级等，难以提供充足的就业机会。高校毕业生的就业形势越来越严峻。因此，国家高度重视高校毕业生的就业工作。2019年“两会”首次将就业优先政策置于宏观政策层面，推进大学生创新创业，对于缓解当前严峻的毕业生就业形势具有重要意义。一个大学生创业，可以吸收若干个大学生参与。对社会而言，大学生创业成功可以提供更多的就业岗位。经历创新创业过程的大学生能够增长才干，为社会储备高素质人才，对优化社会劳动力结构也有重要作用。

促进大学生自身成长成才。大学生创新创业，可以为大学生成长成才奠定重要基石。首先,创新创业能够提升大学生的精神素养。创新创业是中华民族创造精神、奋斗精神、团结精神和梦想精神的具体体现,而大学生参与创新创业,可以培养其在逆境中克服困难的智慧和吃苦耐劳的能力,促使其形成创新、独立、毅力、乐观、责任感等优秀品质,还帮助其树立正确的职业观,有助于从整体上提高大学生的思想道德素质。其次,创新创业能够优化大学生的知识结构。在知识经济快速发展的背景下,当前创业者不仅需要良好的创业精神和能力,还需要具备丰富的创业知识,这些知识不仅包括专业知识,还涉及经营管理知识、市场经济知识等。大学生在创新创业的过程中可以学习系统的创业知识,为实现职业理想添砖加瓦。再次,创新创业能够提升大学生的实干能力。创新创业有助于大学生在实践当中求真知,增长自身的才干。最后,创新创业能够帮助大学生实现人生价值。创新创业实践可以帮助大学生形成自信、自强、自主、自立的创业精神,培养大学生迎难而上的勇气和开拓进取的精神,有助于实现大学生的人生价值。

5.1.2 当前大学生创新创业面临的机遇与挑战

在"大众创业、万众创新"的时代号召下,2019 年"两会"提出对创业型就业等进行培育和引导,将其纳入社会就业的重要模式和渠道中,还对企业实施大规模的减税降税政策。大学生创新创业创造了许多机遇,但同时也带来了诸多挑战。

大学生创新创业面临的机遇。当前,国家高度重视青年科技创新人才培养,出台了很多政策激励大学生创新创业。如设立大学生创新创业专项基金项目,建立大学生创新创业孵化基地,支持大学生保留学籍休学创业,等等。而"互联网 +""一带一路"倡议等的提出和实施,也为大学生创新创业提供了更多机会。

国家高度重视青年科技创新人才培养。科学技术是第一生产力。当前,世界范围内的新科技革命正蓬勃发展,科技创新在提升综合国力中的重要作用不断显现。我国目前正处在改革的攻坚期和深水区,科技创新还事关我国"两个一百年"奋斗目标的实现。因此,我国高度重视青年科技创新人才的培养,并努力创造条件,为他们创造良好的成长环境,为他们的创新创业铺路搭桥。在国家的高度重视之下,青年创新型人才必将迎来新的发展机遇。

"互联网 +"为大学生创新创业打造市场空间。互联网是大众创业、万众创新的新工具。"互联网 +"时代的到来,为大学生创新创业提供了广大的市场空间。依托"互联网 +",网约车和共享单车、共享充电宝等共享经济业务得到蓬勃发展。同时,人工智能、虚拟现实等新技术也获得了快速发展。互联网消费和互动深刻改变了人们的生活方式。互联网的市场潜力巨大,当前没有任何一家企业可以完全覆盖所有的行业领域,因此,"互联网 +"可以为大学生创新创业提供平台和空间,网络创新创业项目也日益成为大学生创新创业的首要选择。大学生最喜欢新潮时尚,也是与互联网接触最多的群体,他们更能把握"互联网 +"时代的机遇,为自身创新创业拓宽思维和途径。

"一带一路"扩宽大学生创新创业的国际合作。当前,我国倡导的"一带一路"、中非合作、金砖合作、成立亚投行等为大学生创新创业扩宽了视野和发展平台。将"一带一路"建成创新之路,为互联网时代的各国青年打造创业空间、创业工场,成就未来一代的青春梦想。2018 年 9 月 3 日,习近平总书记在中非合作论坛北京峰会开幕式上的主旨讲话提出,中国支持设立旨在推动青年创新创业合作的中非创新合作中心。开展跨国、跨区域的互联互通，可以催生出新的需求，为大学生创新创业提供新的契机。当前，我国的创新创业环境不断优化，为一切有志于创新创业的大学生提供了广阔的舞台。此外，留学人员视野开阔，理应走在创新前列。我国为有志于回国发展事业的留学人员，或有志于在中国发展的外国留学生制定了优越的人才引进政策和创业服务政策，帮助他们了解国内信息和创新创业的环境。这也为大学生创新创业搭建了坚实的国际合作基础。

大学生创新创业面临的挑战。由于我国的创新创业起步较晚，支持大学生创新创业的服务体系还未健全。此外，大学生自身创新创业的热情不高、高校创新创业教育的实效不足、鼓励大学生创新创业的社会氛围不浓等因素也制约了大学生创新创业的进程。

支持大学生创新创业的条件还不完善。2015 年，国务院下发了《关于进一步做好新形势下就业创业工作的意见》（国发〔2015〕23 号）、《关于大力推进大众创业万众创新若干政策措施的意见》（国发〔2015〕32 号），指出要积极推进创业带动就业，并提出了具体的要求，强调要从创新体制机制、优化财税政策、搞活金融市场、扩大创业投资、发展创业服务、建设创业创新平台、激发创造活力、拓展城乡创业渠道、完善协同机制 9 大方面推进“大众创业、万众创新”。各大高校通过设立创新创业基金、实施大学生创业引领计划等鼓励和支持大学生创新创业，这些方式对大学生创新创业发挥了积极作用。但目前由于我国创新创业教育起步较晚，创新创业服务体系还未健全完善，针对大学生创新创业的很多支持或政策还有待进一步细化和落实，急需建立专业化的服务平台。目前在融资、校企合作等方面的条件尚未完善，大学生创新创业的融资渠道较少，融资意识和能力较为薄弱，导致目前大学生创新创业的成功率不高。

大学生创新创业的热情不够高。当前部分大学生的就业观念还存在偏差，表现出功利化和求稳定的心理倾向。工作地点以在城市为荣，不愿去西部偏远的贫困地区。2017 年 4 月，党中央、国务院颁布实施《中长期青年发展规划（2016—2025 年）》，指出了当前青年发展事业存在的问题之一，是青年创业创新的热情还有待进一步激发。大学生本身是朝气蓬勃、富有激情与活力的，但是面对艰辛而复杂的创新创业，对于涉世不深、缺乏创新创业经验和能力、各项物质条件还不充足的大学生来说，是很大的挑战。同时，大学生社会阅历尚浅，思想不稳定，容易发生变化。他们在成长道路上没有经历什么挫折，抗压能力还不高。大学生在创新创业过程中难免会遇到困难和挫折，如果自身意志力不强，缺乏解决问题的能力和勇气，就很容易被压垮。因此，他们还需要以更加持久的热情和兴趣对待创新创业。

5.1.3 新时代大学生创新创业的有效路径

新时代大学生的创新创业要以习近平总书记关于青年创新创业的重要论述为实践遵循，发挥国家重视、社会支持、高校教育、自身努力的合力。

各级党委和政府应强化就业创业服务体系建设。大学生创新创业离不开党和政府的政策扶持和条件保障，离不开党和政府对青年工作与创新创业工作的有序开展。国家高度重视青年创新创业工作，并对各级党委和政府提出了具体要求。各级党委和政府要强化就业创业服务体系建设，支持、帮助学生迈好走向社会的第一步。建立健全创新创业服务体系，才能为大学生创新创业提供可靠保障。当前，党和政府也为大学生创新创业提供了许多条件，比如创新创业基金项目、创新创业孵化基地、创新创业大赛、弹性学制管理等,这些措施有效激发了大学生的创新创业热情,涌现了许多大学生创新创业的成功案例。目前还需进一步强化服务体系建设,使服务更完善。

社会应重视和支持青年创新创业。创新创业是一项艰苦的事业,需要各方主体的支持,更离不开良好的社会环境和氛围。当前,我国大力提倡创新创业,就是要打破"求稳定"的传统思想,激发社会和市场的活力。在社会范围内弘扬创新创业精神,传播创业文化,可以激励大学生开启创业理想、开展创业活动。因此,社会各界人士都应积极鼓励和帮助创新创业的大学生。目前,社会上畏惧失败的心理还普遍存在,尤其是创新创业需要投入大量的时间、精力和金钱。为此,要大力营造勇于创新、鼓励成功、宽容失败的社会氛围。党和政府要充分利用传播媒体和新媒体的传播优势,宣传大学生创新创业的意义和优惠政策,以及成功的代表性案例。要转变社会的传统思想观念,弘扬勇于创新、不怕困难和失败的精神。政府部门要出台相关的保障措施,让创新创业成为受社会尊敬和佩服的事业。

深化高等学校创新创业教育改革。2015 年,国务院办公厅发布了《关于深化高等学校创新创业教育改革的实施意见》,对高校创新创业教育的人才培养机制、课程设置、教学方法、学籍制度、教师教学能力、创业服务体系等各方面提出了改革的具体规定,为高校的创新创业教育指明了方向。高校要将学生的创新创业意识和能力纳入人才培养目标之中,设置创新创业学分和弹性学制管理。建立校企、校所、校校等协同育人机制,为大学生创新创业开发资源和渠道。建设创业实验室和实践教育基地,促进各地区、各高校的创新创业资源共享。将专业教育与创新创业教育融合起来,在专业教育过程中渗透创新创业教育。开发创新创业教育系列教材,设置创新创业的必修课与选修课程,开发慕课、在线课堂等多形式课程。改进教学方式方法,运用新媒体、大数据等技术提供多样化的创新创业教育资源。加强创新创业教育专职教师队伍建设,同时建立健全高校创新创业服务体系。

大学生应自觉以"五个一定要"为奋斗指南。新时代大学生如何才能在创新创业中梦想成真呢? 2013 年 5 月 4 日,习近平总书记在同各界优秀青年代表座谈的讲话中对广大青年提出了"五个一定要",即一定要坚定理想信念、一定要练就过硬本领、一定要勇于创新创造、一定要矢志艰苦奋斗、一定要锤炼高尚品格。大学生在创新创业的过程中要自觉以"五个一定要"为奋斗指南,转变择业观念,树立符合人民需要和时代要求的职业观,勇于到基层和人民中建功立业。青年学子到条件艰苦的基层和西部地区支援、做志愿者,可以在平凡的岗位上作出不平凡的业绩,将青春之花绽放在祖国最需要的地方。

5.2 创新性劳动

创新性劳动是指突破劳动惯例的思维方式、生产方式、组织方式、创造和运用全新的思维观念、科技知识、工艺设计及方式方法所进行的创造性劳动。

5.2.1 创新性劳动的特点

(1)创新性劳动生产的是知识商品。

创新性劳动生产的商品是知识商品。这些知识商品表现为新的理论、新的观念、新的创意、新的技能等，它们大多是无形产品，可能看不见、摸不着，但这些知识商品的出现意味着新的发现、新的变革。这种变革从根本上影响着社会前进的步伐和速度。

(2)创新性劳动创造价值的能力更强。

探索新知识的劳动是一种非常艰苦的创造性劳动，掌握了科技知识的劳动者进行的劳动是高级或超高级的复杂劳动。创新性劳动是生产劳动，它也具有二重性：具体劳动和抽象劳动。具体劳动创造出商品(知识)的使用价值，研究、创新形成有益于人类进步的各种知识，推动人类社会知识的进展，或运用各种知识生产出产品和劳务，能够满足人类的物质、文化生活需要。抽象劳动形成商品的价值，这种劳动创造的价值远远高于一般人类劳动。创新性劳动是以脑力为主的劳动，所形成的知识商品的价值构成主要包括以下内容。①生产知识的各种费用，如各项科研费用、各类器材及实验设备的费用。这些费用是过去价值的投入，比较容易计量。②劳动者的脑力和体力的支出新创造的价值，是人的创造性劳动的凝结，其价值较难度量。但通过其价格也可以相对反映出其价值量的大小，如一项专利值多少钱，一项技术值多少钱。通过价格比较可以看出，知识产品的价格可以数倍、数十倍、数百倍甚至数千倍、数万倍于一般产品，也就可以大致推断知识产品的价值远远高于一般产品。创新性劳动之所以能创造出较高的价值，主要原因是创新性劳动是一种极其复杂的劳动，它等于许多倍简单劳动。

(3)创新性劳动在知识经济时代成为一种独立劳动。

在以前的简单商品经济中，知识对经济发展的贡献不很明显，创新性劳动蕴含在其他劳动之中。资本主义大生产中创新性劳动对经济的贡献就日渐突出，创新性劳动逐渐从其他劳动中分离出来。在社会主义的社会化大生产中，创新性劳动对经济发展的促进作用更为明显。随着社会生产力的迅猛发展，创新性劳动在社会生产中越来越重要并且正在占据主导地位，它具有了作为一种专门的劳动被独立出来的条件。创新性劳动的独立化使其可以在更大的时空发挥作用。在知识经济时代，软件开发、创意、策划、咨询、信息等新兴行业层出不穷，有一些就是由于创新性劳动的独立化而产生的新行业。

(4)创新性劳动对社会生产力发展有更大的推动作用。

知识经济时代，知识成了生产力发展的主要的、直接的推动力，新知识的涌现及其在经济上的运用加速了经济发展的进程。生产知识、运用知识的创新性劳动对经济发展有更大的促进作用。在工业经济时代，社会财富以算术级数增加；在知识经济时代，社会财富以几何级数增加。其增加的动力源泉在于创新性劳动推动了知识的加速更新，新知识的运用进而推动了生产力的巨大发展，使社会财富在创新性劳动的催化下大量涌流。社会财富的增加满足了人们的物质文化生活需要，提高了人们的生活质量，增强了国家经济实力。

5.2.2 创新性劳动的分类

创新性劳动可以包括以下几种。

第一类是为进一步认识客观事物而获得新知识的创造性劳动。这类劳动也可称为科学创新性劳动。比如，实验科学先驱的伽利略、经典力学始祖的牛顿、第一个发现镭的女科学家居里夫人、对电磁学作出巨大贡献的法拉第、创立相对论的爱因斯坦以及首创化学元素周期表的门捷列夫等科学家，就是从事科学创新性劳动的典范。

第二类是为节约时间和空间、节约体力和精力、节约资源和能源而探索更简便的思想、方法和手段的创造性劳动。这种劳动也可称为技术创新性劳动。比如集装箱的发明就是一个明显的例子。这里并没有发现新知识的科学创新,但却是一个能给社会带来巨大效益的技术创新。从产业发展的历史来看,在许多重要产业,包括高新技术产业,关键的不是科学创新性劳动,而是技术创新性劳动。比如要作出 0.5 微米的集成电路技术产品,其科学原理并不复杂,也早已为人们掌握,所以并不需要科学创新性劳动,但却需要复杂的技术创新性劳动才能完成。

第三类是为满足社会与个人的新需要而设计与创造新的使用价值的创造性劳动,这类劳动又可称为产品创新性劳动。

第四类是发展人自身的劳动,又称人力创新性劳动,它包括学习劳动和部分教育劳动。学习劳动和教育劳动都是塑造和培养劳动者新的能力和素质的劳动。由于人具有思想和个性,所以教育劳动并没有一个统一的模式,往往要因人而异、因材施教,处处实现创新。

创新性劳动的表现形式就是技术、知识、思维的革新,就是进行有目的的创造性劳动。通常所讲的人们的自主劳动、高科技含量劳动和成果回归等劳动,都应该属于是创新性劳动的范畴。如今的中国,已经进入了追求技巧劳动、脑子劳动、知识劳动等靠创造性劳动而带来人类进步与发展的时代,创新性劳动的价值得到了充分的尊重和弘扬。一个社会,只有弘扬起创新性劳动光荣的良好风气,才能实现体面劳动的愉悦,才能实现社会财富的不断增长。一些劳动形式和内容的进步与变化,表明了创新性劳动在时代发展中的进步价值。社会在发展,劳动方式在变,创新性劳动所体现出的社会价值及内涵会更加深刻。

党的二十大报告提出:“必须坚持科技是第一生产力、人才是第一资源、创新是第一动力,深入实施科教兴国战略、人才强国战略、创新驱动发展战略,开辟发展新领域新赛道,不断塑造发展新动能新优势。”培养一批创新型高素质劳动者,是我国加快建设创新型国家的重要人力资源基础。经济合作与发展组织(OECD)研究显示,学习时间、受教育程度、在职培训量、岗位性质等因素,对于创新型高素质劳动者的培养都具有重要影响。但目前,各行各业在职学习与培训存在诸多问题,不利培养和造就创新型高素质人才。

一是劳动者的有效学习时间明显不足。进入工作岗位的劳动者由于工作繁忙、家庭时间分配等原因导致学习时间不足。以物流快递人员为例,2017 年《中国电商物流与快递从业人员调查报告》显示,中国电商物流与快递从业人员中,62.2% 的人平均每天工作时长 8~10 小时,24.46% 的人在 10~12 小时,12 小时以上的占 13.34%。在对他们业余活动调查中,50% 的人选择休息以缓解疲劳、恢复体力,20.17% 人锻炼身体,19.14% 的人上网,只有 12.77% 的坚持学习,反映出在有限的业余时间内,从业人员以休息为主,学习时间偏少。

二是劳动者的培训机会及经费都偏少。据上海市进行的某项终身学习调查显示,在劳动者培训机会方面,有 30% 受访者认为单位提供的学习机会充足,有 35% 的受访者则认为不充足。单位对员工与工作相关教育或培训提供的经费支持并不多,68% 的受访者认为单位提供的经费不足培训费用的 20%;从劳动者的培训经费来看,相对于其他行业和劳动者,私企、个体户和其他从业者得到的培训经费支持较低,工人和基础职业从业者得到的培训经费支持较低。

三是劳动者“做中学”环节严重缺失。据挪威学者丽芙·斯托伦的研究,“做中学”是衡量劳动者创新行为的一项重要指标。在实践中将理论知识与实践知识相结合,将已有的经验知识运用于新任务环境中是培养创新人才的重要途径。上海市对 3 038 位劳动者的调查显示,劳动者“做中学”的数量比例远低于 OECD 国际组织中 22 个国家的平均水平,上海劳动者“做中学”的数量比例为 21.2%,而 OECD 国际组织中 22 个国家平均比例为 57.5%。可见,劳动者“做中学”的比例明显不足。

5.3 拓展活动:生活小妙招——劳动创新比赛

为了让学生养成废物利用与节约资源的良好习惯,提高学生的环保意识,增强动手能力,根据学校实际情况,由校生活部牵头,举办以“生活小妙招——劳动创新比赛”为主题的生活小妙招及废物利用创意大赛。

此次活动以宿舍为单位展开,各班生活委员将全班宿舍作品收集后上交至生活部,由生活部在相关平台上展示并发起公开投票,最后结合票数和学院相应部门组织专家综合评定,评出若干奖项。在活动中,每位同学都应充分发挥想象,将别人眼中的“废物”用丰富的想象和灵巧的双手变成了一件件生动的宝贝。

“生活小妙招——劳动创新比赛”期待您的积极参与。生活的创意遍布衣、食、住、行。让我们为您的智慧和精彩创意而喝彩!

5.3.1 活动主题

生活小妙招——劳动创新比赛。

5.3.2 参赛要求

(1)围绕日常生活,主要以节能、减排、环保、安全、便利生活为主题。

(2)设计的作品要有相关的介绍和使用说明。

(3)附设计作品实物。

5.3.3 参赛须知

提交创意作品时,要注明参赛者的姓名、班级、联系方式。报名参赛作品数量不限,赛后作品将返还参赛者本人。

辅导员及组织者要在本班广泛宣传、积极发动、营造氛围,确保此项活动的参与率和满意率。

参赛作品不得发生侵犯他人的著作权、肖像权、名誉权等法律问题,由此产生一切法律责任由作者自行承担。

主题实践活动五:校园包干区劳动

1. 活动主题

校园包干区劳动。

2. 活动宗旨

通过包干区劳动,培养学生养成良好的卫生习惯、培养劳动技能和热爱校园的情怀。

3. 活动时间

建议每周一次。

4. 参与人员

全校学生。

5. 活动要求

(1)劳动人员规范穿戴劳保用品,分工明确、团队协作共同完成劳动任务。

(2)对所包干的卫生区域进行全面整理,包括对“要物”和“不要物”进行合理分类等;对所包干的卫生区域走廊、楼梯、栏杆、四壁、门窗玻璃等处的卫生清扫,确保实训区域地面干净、环境整洁、无杂物堆放。

6. 活动内容

(1)分组劳动。按照任务分工,完成所包干区域的劳动活动,参考下表填写实践活动记录表。

实践活动记录表

活动时间		活动地点	
包干区域			
活动实践人			
所选用的卫生工具及劳保用品			
劳动内容			
收获和体会	签名:　　年　月　日		

(2)交流总结。小组分别进行交流讨论,利用记录的文字和拍摄的劳动照片制作宣传视频,并填写成果展示记录表。

成果展示记录表

活动主题			
包干区域		劳动实践人	
活动成果照片			
宣传视频介绍			

（3）汇报评价。

评价类型	评价指标	权重（%）
过程性评价	劳保用品的穿戴是否正确	10
	物品清洁操作是否规范	10
	实训区域环境清洁是否达标	10
	实训区域物品分类是否满足要求	20
劳动成效评价	持续关注，学生是否养成了卫生清洁的好习惯	20
	是否完成所包干区域的卫生清洁（包括清洁区域的面积、清洁物品的种类和数量）	15
	是否完成所包干区域的物品整理（包括整理物品的数量）	15

【参考文献】

[1] 段宏娟. 新时代大学生劳动观教育研究 [D]. 兰州：兰州大学，2020.
[2] 巩倩倩. 习近平劳动观研究 [D]. 济南：山东大学，2019.

专题六　劳动者权益维护

【开篇语】

党的二十大报告提出“健全劳动法律法规”，将劳动法律制度的完善提到了一个新高度，或将迎来劳动法律制度建设新的契机。劳动法律涉及广大劳动者和企业的切身利益，依法签订劳动合同是维护劳动者合法权益的重要依据，也是最重要的法律武器。维护劳动者权益是维护社会稳定和谐的重要保障，也是保障劳动者合法权益的必要条件。

【学习目的要求】

本专题内容贯穿求职、入职、履职、离职全过程，让学生了解可能遇到的劳动合同签订、试用期陷阱、工伤保险、加班休假、企业制度、职业道德、恶意欠薪、合同解除补偿等职场焦点问题。通过本专题学习，加强学生对劳动相关法律法规的了解，提高学生运用法律保护自身利益的能力。

“劳动”一词在我们日常生活中经常使用，包括生活劳动、生产劳动等不同类型。可以说一个人从出生到死亡都参与或者接触了各种类型的劳动形式，日常生活中，有各种各样劳动形式，早上出门上班是劳动，晚上回家做饭也是劳动，周末去参加志愿服务同样是劳动。从一般意义上讲，劳动是人们利用劳动资料改造对象，使之符合人类需要的有意识、有目的的活动。

那么日常生活中的劳动与劳动法意义上的劳动能画上等号吗?

日常生活中的劳动与劳动法意义上的劳动存在区别。劳动法上的劳动有其特定内涵，需要符合以下条件。一是履行法律义务。劳动者需要符合法定的条件，并且根据相关法律和合同履行义务。此特征将劳动区分于一般意义上助人为乐式的劳动。二是基于契约关系。基于书面或者口头的劳动合同，区分于夫妻关系、亲子关系之间的劳动。儿童在家整理房间，并不属于劳动法意义上的劳动。三是有偿性。劳动者进行劳动能够获取报酬，从而用以满足自身及家庭成员生活需求，区分于基于道德范畴的义务劳动，志愿活动等都不属于劳动法意义上的劳动。四是职业性需要。以此作为谋生方式，区别于一般意义上的学生实习等非职业性劳动。五是存在从属关系。必须从属于一定的用人单位或雇主，从事劳动的人，必须服从用人单位或者雇主的管理，区分于承揽关系中独立提供劳动的承揽人。

模块1　劳动法及其相关法律

1.1　什么是劳动法

劳动法是调整劳动关系以及与劳动关系密切联系的某些其他关系的法律规范的总称。

扫一扫:劳动法概述

劳动法的立法宗旨是为了保护劳动者的合法权益,调整劳动关系,建立和维护适应社会主义市场经济的劳动制度,促进经济发展和社会进步。对劳动法的理解可以分为广义和狭义两个角度。广义而言,劳动法包括了宪法规定的基本劳动制度以及劳动关系主体的权利义务,劳动基本法以及与其实施配套的一系列子法、行政法规、规章及司法解释等。狭义上的劳动法是劳动基本法,即现行《中华人民共和国劳动法》(以下简称《劳动法》)。我们日常生活中所说的劳动法通常就是狭义的劳动法,是一部具体的法律规范。《劳动法》于 1994 年通过, 2009 年、2018 年经历两次修正,确立了用人单位于劳动者的市场主体地位,为建立统一公平的劳动力市场提供了基本原则和法治规则,为生产要素在价值规律作用下,按照市场规则自由流动打开了通行的闸门。

1.2 我国劳动法的发展

我国历史上第一部劳动立法是 1923 年北洋政府颁布的《暂行工厂规则》。新中国成立 70 余年来,劳动法在我国社会主义事业建设过程中起到了举足轻重的作用。1949 年,《中国人民政治协商会议共同纲领》中就规定了涉及劳动的相关条款,对劳动关系调整进行了原则性的规定。1954 年的《中华人民共和国宪法》对劳动作出专门规定,国家鼓励公民在劳动中的积极性和创造性,对劳动者休息权、获得物质帮助权等作出了规定。1956 年国务院发布了安全生产三大规程和一个决定,即《工厂安全卫生规程》《建筑安装工程安全技术规程》《工人职员伤亡事故报告规程》和《关于防止厂、矿企业中矽尘危害的决定》。党的十一届三中全会后,劳动立法得到党和国家的高度重视,逐步走向全面发展。

国际劳工组织于 1946 年 12 月 14 日成为联合国的一个专门机构,简称劳工组织。其宗旨是促进充分就业和提高生活水平,促进劳资双方合作,扩大社会保障措施,保护工人的生活与健康。其主要活动是从事国际劳工立法、制定公约和建议书,提供援助和技术合作。我国是国际劳工组织的创始国之一, 1944 年起成为该组织的常任理事国, 1971 年国际劳工组织恢复中华人民共和国合法席位。

1.3 改革开放后劳动关系的变革

改革开放以来,劳动法随着经济社会发展进一步变迁。1982 年的《中华人民共和国宪法》对公民劳动权、休息权、获得物质帮助权、受教育权等作出了全面规定。随着市场化劳动制度改革全面开展,专门的劳动立法,社会经济条件趋于成熟。1986 年 7 月,国务院发布了《国营企业实行劳动合同制暂行规定》《国营企业招用工人暂行规定》《国营企业辞退违纪职工暂行规定》《国营企业职工待业保险暂行规定》4 个规定,这是劳动制度发展史上的划时代变革,为 20 世纪 90 年代“破三铁”即破除铁饭碗、铁工资、铁交椅奠定了基础。

1992 年开始,“破三铁”迅速在国营企业中推开,成为劳动关系改革的破冰之举。1992 年通过的《中华人民共和国矿山安全法》是我国第一部有关劳动安全卫生的法律。1994 年通过的《劳动法》确立了用人单位与劳动者的市场主体地位,为建立统一、公平的劳动力市场提供了基本原则和法治规则。

2004 年,《劳动保障监察条例》通过,为维护劳动者合法权益提供了重要的法治保障,标志着劳动保障监察工作进入一个新的发展时期。

2007 年以来,随着时代进步,企业用工形式出现复杂化、多元化发展态势,劳动关系矛盾逐渐凸显,诞生于市场经济初期的劳动法已经跟不上社会经济发展的步伐。和谐劳动关系的形成和维持依赖于劳动法律法规对劳动关系的调整。2007 年通过了《中华人民共和国劳动合同法》(以下简称《劳动合同法》),其立法宗旨在于完善劳动合同制度,明确劳动合同当事人权利和义务,保护劳动者的合法权益,构建和发展稳定和谐的劳动关系。形成了以《劳动法》和《劳动合同法》为中心的劳动法模式。2007 年成为中国的劳动立法年。此外，2007 年出台了《中华人民共和国就业促进法》《中华人民共和国劳动争议调解仲裁法》, 2010 年出台了《中华人民共和国社会保险法》。至此,中国特色社会主义劳动法体系和支架性法律基本具备。

2008 年 5 月 1 日,《中华人民共和国劳动争议调解仲裁法》(以下简称《劳动争议调解仲裁法》)正式施行,这是劳动争议处理的专门程序法。2015 年《中共中央 国务院关于构建和谐劳动关系的意见》发布,这是党中央自新中国成立以来第一次以中央文件的形式对劳动关系问题进行的全面梳理,并把它上升为党的路线方针政策。

1.4 劳动法的地位和作用

《劳动法》的地位依赖于劳动和劳动者的地位,《劳动法》从附属于私法,到从私法中分离出来,再到具有公法内容,成为一种独立的法律现象。此外,劳动法领域大量劳工行动促进了《中华人民共和国工会法》《集体合同法》的产生。在劳动合同法律规范中,法律也为双方设定一系列必须遵循的标准,最突出的就是为劳动者提供保护的劳动安全和劳动卫生方面的法律规范,直接把用人单位或者雇主作为单纯的义务主体。国家直接规定用人单位或者雇主必须为劳动者提供劳动保护和劳动条件。与此对应,劳动者是单纯的权利主体,无须为劳动保护或者劳动条件支付对价,也不允许用人单位或雇主把这部分支付作为劳动者所得报酬的组成部分。因此《劳动法》是一种介于公法与私法之间的法律。

《劳动法》主要调整人们在劳动关系中的行为,是人们确定劳动行为规范,并提供解决劳动纠纷的依据。具体包括 4 个方面的作用:确定劳动行为规范,保护劳动者合法权益;合理配置社会劳动力资源,组织社会劳动;调节劳动报酬的支付与收入,确立报酬基本原则,保证劳动报酬及时、真实地为劳动者享有,确立最低工资标准,保障劳动者获得基本收入;解决劳动争议,维护正常的劳动秩序。

劳动法的基本原则是国家在劳动立法中所体现的指导思想和在调整劳动关系以及与劳动关系密切联系的其他社会关系中应遵循的基本原则。《劳动法》的基本原则应当符合 4 个条件:一是贯穿劳动法律条文始终,体现劳动立法核心与灵魂;二是具有最高效力,各项劳动法律制度和劳动法规内容都不得与基本原则抵触;三是在指导劳动立法和约束劳动执法过程中具有相对稳定性,随着劳动关系不断变化,劳动法律规范某些条文可以进行修改,但基本原则不会改变,以保证劳动法律规范连续性;四是对劳动立法、守法、执法等具有普遍指导意义,有利于指导劳动法实施。

1.5 劳动法律关系

劳动法律关系是指劳动关系的参加者之间依据劳动法律规范而形成的一种权利义务关系。如甲被用人单位录用后,双方根据《劳动合同法》签订劳动合同,劳动者享有领取劳动报酬、获得劳动保护、参与企业民主管理等权利,负有忠于雇主,完成生产和工作任务,遵守劳动规章制度等义务。用人单位对劳动者享有分配生产和工作任务,依法制定劳动规章制度等权利,负有按照劳动者提供的劳动量,支付劳动报酬,提供劳动保护条件等义务。上述权利义务关系即劳动法律关系。

劳动法律关系不同于劳动关系,劳动法调整的对象包括劳动关系以及与劳动关系有密切联系的其他社会关系。劳动关系是劳动法律关系产生的基础,劳动法律关系则以劳动关系的存在为前提,以双方当事人权利义务为具体内容。

我们来思考一下,是否只有签订书面劳动合同之后才能形成劳动关系呢?

答案当然是否定的,在没有书面合同的情况下,劳动者与用人单位之间也可能形成事实上的劳动关系。劳动者的合法权益受法律保护。《关于确立劳动关系有关事项的通知》第一条规定,用人单位招用劳动者未订立书面劳动合同,但同时具备下列情形的劳动关系成立:一是用人单位和劳动者符合法律法规规定的主体资格;二是用人单位依法制定的各项劳动规章制度适用于劳动者,劳动者受用人单位的劳动管理,从事用人单位安排的有报酬的劳动;三是劳动者提供的劳动是用人单位业务的组成部分。可以看出事实劳动关系应包括三要素:主体资格、从属关系和劳动性质。

劳动关系在法律方面的体现即劳动法律关系,劳动法律关系可以区分为主体、客体、内容3个方面。

劳动法律关系的主体是指参与劳动法律关系、享受劳动权利和承担劳动义务的当事人,是构成劳动法律关系的第一要素,包括劳动者与用人单位。劳动者是指达到法定年龄且有劳动能力的公民。界定劳动者的主要标准是从属性标准,主要包括人格从属性和经济从属性两方面。人格从属性是指劳动者被纳入用人单位的组织体系中,成为用人单位的一名成员,在用人单位指挥、命令和管理下提供劳动,用人单位有广泛的指示权。经济从属性是指劳动者必须为他人提供劳动,与用人单位之间存在经济上的依赖关系。

从劳动者定义可以看出,劳动者需要满足2个条件:法定年龄条件和劳动能力条件。一是年龄条件。劳动法规定,公民最低就业年龄是16周岁,禁止用人单位招用未满16周岁的未成年人。用人单位非法招用未满16周岁的未成年人的,由劳动行政部门责令改正,处以罚款。情节严重的,由市场监督管理部门吊销营业执照。例外情况是某些特殊职业如文艺、体育和特种工艺单位招用未满16周岁的未成年人的,必须遵守国家有关规定并保障其接受义务教育的权利。上述单位经未成年人的父母或者其他监护人同意,可以招用不满16周岁的专业文艺工作者、运动员。文艺体育单位招用不满16周岁的专业文艺工作者、运动员的办法,由国务院劳动保障行政部门会同国务院文化体育行政部门制定。此外,年满16周岁未满18周岁的劳动者叫做未成年工,受特殊劳动保护。二是劳动能力条件。由于劳动只能由劳动者亲自进行,劳动者必须具有劳动能力。根据自然人的生理情况,劳动者劳动能力区分为完全劳动能力、部分劳动能力和无劳动能力 3 类。对一些特定行业劳动者必须满足该行业的特殊需求,如患有传染病的人不得从事餐饮行业。只有达到法定年龄,具有完全劳动能力或者部分劳动能力的劳动者,法律才赋予其劳动权利能力和劳动行为能力。

用人单位又称用工单位,是指招用他人为其劳动的人,包括自然人和法人,也包括为自己经营或代他人经营的人。他们构成使用他人劳动而给付其报酬的劳动关系的一方当事人。我国用人单位有不同类型、范围广泛,包括企业、个体工商户、事业单位、国家机关、社会团体等。用人单位依法招用和管理劳动者,对劳动者承担有关义务。

和劳动者类似,对用人单位也有一定的要求,用人单位需具有劳动权利能力和劳动行为能力。用人单位的劳动权利能力是指用人单位依法享有用人权利和承担用人义务的资格,是用人单位参与劳动关系、成为合法主体的前提条件。用人单位不同,劳动权利能力范围也不同,通常表现为国家允许用人单位使用劳动力的限度和要求用人单位提供劳动条件和劳动待遇的限度。现阶段制约用人单位劳动权利能力范围的主要因素包括职工编制定员、职工录用基本条件、最低工资标准、社会保险和企业社会责任等。用人单位的劳动行为能力是指用人单位依法能够以自己的行为,实际行使用人权利和履行用人义务的资格。主要表现为为职工提供劳动条件和劳动待遇的能力,包括提供生产资料约定的工作场所和组织机构等。只有这样才能顺利实现劳动过程。

我们思考一下,在一些新兴的工作业态中,劳动者身份问题,如与平台签约的网络直播主播是否属于劳动者呢?

这个问题的关键是签约主播与网络平台之间的关系是否满足从属性的标准。在一些案件中,根据平台与主播的合同可以看出,主播可以自行安排直播时间和地点,劳动力不受平台控制,不符合建立劳动合同的本质要件,二者系平等民事主体合同关系。因此,这类直播主播不构成劳动者的身份。

劳动法律关系的客体是指劳动法律关系中主体的劳动权利和劳动义务所指向的对象,包括一定的劳动行为和财务两类。劳动行为是指劳动者和用人单位在实现劳动过程中所实施的行为。劳动行为的方式、质量、数量都具有劳动法意义。财务是指劳动法律关系中体现双方当事人物质利益的实物与货币,即一定的劳动条件和劳动待遇。劳动法律关系的内容是指劳动法律关系双方当事人所享有的权利和承担的义务,具有以下特征。一是明显的不对称性。劳方当事人权利多于义务,雇主方当事人义务多于权利,以维护实质公平。二是较强的法定性。劳动法经常用授权性规范和义务性规范分配权利义务。在约定权利义务与法定权利义务发生冲突时,法定效力优于约定效力。除非约定比法定对劳动者更为有利。三是适度的受限性。为维护社会利益,当事人权利义务受到一定程度的限制。如约定权利义务不得低于劳动基准法的约定,不得违背法律强制性规范,不得违背社会公共利益。当事人一些权利不得放弃,放弃辞职条款系无效条款。四是救济的复合性。劳动法具有公法与私法多重性质,在权利救济方面兼采民事、行政、刑事等多种手段。

扫一扫:劳动者的基本权利与义务

根据相关法律规定,劳动者基本权利包括平等就业和选择职业的权利、取得劳动报酬的权利、休息休假的权利、获得劳动安全卫生保护的权利、接受职业技能培训的权利、享受社会保险和福利的权利、提请劳动争议处理的权利以及法律规定的其他劳动权利。劳动者的基本义务包括完成劳动任务、提高职业技能、执行劳动安全卫生规程、遵守劳动纪律和职业道德等义务。用人单位的基本义务包括平等和择优录用职工、支付劳动者劳动报酬、保证劳动者享有休息休假、为劳动者提供劳动者安全卫生的工作条件和劳动保护、为劳动者提供职业培训、为劳动者提供社会保障和福利、配合解决劳动争议、保证劳动者实现法律规定的其他权利。

劳动法律关系有其产生、变更、消灭的过程。劳动法律关系的产生,是指劳动法主体之间为实现一定的劳动过程、依照劳动法规、通过劳动合同而设立的劳动权利与劳动义务关系。

如大学生小王毕业后找到工作,与用人单位签订劳动合同,即产生劳动法律关系,双方之间产生权利义务关系。劳动法律关系的变更是指劳动者同用人单位依据劳动法律规范变更其原来确定的权利义务内容。如小王工作了几年之后,想要调换岗位,征得用人单位的同意,劳动法律关系的内容发生了变更。劳动法律关系的消灭是劳动法主体间的劳动法律关系依法解除或终止,即劳动权利和义务的消灭。如经过协商,小王决定与用人单位解除劳动合同,小王与用人单位之间的劳动权利与义务关系即消灭。

1.6 拓展活动:谈谈岗位实习前缴纳工伤保险的必要性

1.6.1 活动主题

根据人才培养方案要求,大学生在毕业前最后一个学期需要进行岗位实习。为保障实习生的合法权益,是否在实习前需要缴纳工伤保险呢?同学们以小组的形式,分组讨论,并选择代表发言陈述观点。

1.6.2 活动时间

建议2周。

1.6.3 参加人员

全体学生。

1.6.4 活动内容

请围绕大学生实习工伤保险展开讨论,探讨其好处、保障内容以及费用等方面的问题。

(1)什么是大学生实习工伤保险?

(2)大学生缴纳实习工伤保险是否有必要?

(3)大学生实习工伤保险有什么保障?

模块 2　劳动维权的途径和方法

2.1　劳动争议调解与仲裁

2.1.1　劳动争议处理

劳动争议即劳动纠纷，是指劳动关系双方当事人因实现劳动权利、履行劳动义务发生的争议。按争议标的不同，分为权利争议与利益争议。按争议主体不同，分为个别劳动争议、集体劳动争议和集体合同争议。

2.1.2　劳动争议调解仲裁法

《劳动争议调解仲裁法》对劳动争议处理的方式与程序进行了规定，包括中华人民共和国境内的用人单位与劳动者发生下列劳动争议：因确认劳动关系发生的争议；因订立、履行、变更、解除和终止劳动合同发生的争议；因除名、辞退和辞职、离职发生的争议；因工作时间、休息休假、社会保险、福利、培训以及劳动保护发生的争议；因劳动报酬、工伤医疗费、经济补偿或者赔偿金等发生的争议；法律法规规定的其他劳动争议。

扫一扫：工伤和职业病的认定

2.1.3　劳动争议特征

劳动争议主体特定，劳动争议双方为劳动关系当事人，即劳动者与用人单位，双方法律地位平等。劳动争议的内容是为实现劳动权利、履行劳动义务而发生的争议，包括法定与约定两方面，前者如劳动者休息休假获得劳动报酬，后者如工作岗位任务约定等，劳动关系双方任何一方当事人违反上述规定引发了争议，均属于劳动争议。劳动者与用人单位因其他法律关系发生的争议，如签订租赁合同的发生的争议，不属于劳动争议。不同劳动争议按不同程序处理。

2.1.4　劳动争议处置原则

劳动争议处理的方式与程序包括协商、调解、仲裁与诉讼，应根据法律规定与合同约定选择不同的处置方式与程序。

劳动争议处置的原则有 3 个方面：着重调解原则；合法、公正、及时原则；三方原则。

着重调解原则是指由于劳动关系的特殊性，为避免矛盾激化，维护社会和谐，着重在劳动关系当事人之间调解，使之就相关纠纷自愿达成一致。

合法原则是指劳动争议处理应当严格依法进行，无论采取何种方式解决纠纷，都必须遵照法定程序；公正原则是指要平等对待劳动者和用人单位，给予其同等的表达意见和辩论的机会；及时原则是指要求尽快解决劳动争议，避免久拖不决。

三方原则是指在劳动争议处理机构中，应当由雇主、职工和政府主管部门三方代表参加处理劳动争议。县级以上人民政府劳动行政部门会同工会和企业方面代表建立协调劳动关系的三方机制。

2.1.5 劳动争议处理概述

我国现行劳动争议处理体制为“一调一裁二审”，对部分劳动案件实行有限制的一裁终局。发生劳动争议，劳动者可以与用人单位协商，也可以请工会或者第三方共同与用人单位协商达成和解协议。当事人不愿协商、协商不成或者达成和解协议后不履行的，可以向调解组织申请调解。不愿调解、调解不成或者达成调解协议后不履行的，可以向劳动争议仲裁委员会申请仲裁。劳动仲裁原则上是处理劳动争议的必经程序，对仲裁裁决不服的，除另有规定外，可以向人民法院提起诉讼。发生劳动争议，当事人对自己提出的主张有责任提供证据；与争议事项有关的证据，属于用人单位掌握管理的，用人单位应当提供；用人单位不提供的，应当承担不利后果。因用人单位作出的开除、除名、辞职、解除劳动合同、减少劳动报酬、计算劳动者工作年限等决定而发生的劳动争议，用人单位应负举证责任。劳动者主张加班费的，应当就加班事实的存在承担举证责任。

2.1.6 调解

劳动争议调解是指基层群众调解组织对用人单位与劳动者发生的劳动争议，以劳动法律法规为准绳，以协商方式使当事人达成协议、消除纷争。

基层群众调解组织包括企业劳动争议调解委员会、依法设立的基层人民调解组织和在乡镇街道设立的具有劳动争议调解职能的组织。企业劳动争议调解委员会由职工代表和企业代表组成，职工代表由工会成员担任或者全体职工推举产生，企业代表由企业负责人指定。企业劳动争议调解委员会主任由工会成员或者双方推举的人员担任。当事人申请劳动争议调解，可以书面申请，也可以口头申请。经调解达成协议的，应当制作调解协议书，由双方当事人签名或盖章，经调解员签名并加盖调解组织印章后生效，对双方当事人均具有约束力，当事人应当履行。自劳动争议调解组织收到调解申请之日起 15 日内未达成调解协议的，当事人可以依法申请仲裁。达成调解协议后，一方当事人在协议约定期限内不履行调解协议的，另一方当事人可以依法申请仲裁。因劳动报酬、工伤医疗费、经济补偿或者赔偿金等争议事项达成调解协议，用人单位在协议约定期限内不履行的，劳动者可以持调解协议书依法向人民法院申请支付令，人民法院应当依法发出支付令。调解的程序包括调解申请、案件受理、进行调查、实施调解、调解协议的执行 5 个步骤。

2.2 劳动争议诉讼

劳动争议诉讼是人民法院依法对劳动争议案件进行审理和裁判的活动，还包括当事人一方不履行仲裁委员会已经发生法律效力的裁决书或者调解书，另一方当事人申请人民法院强制执行的情况。劳动争议诉讼并非必经程序，只有劳动争议当事人一方或双方均不服劳动争议仲裁委员会作出的仲裁裁决，在裁决作出 15 日内向人民法院提起诉讼，该程序才能启动。劳动争议诉讼是解决劳动争议的最终程序，具有中立性、权威性。

【案例 6-1】

劳动争议诉讼

因为公司拖欠 3 个月工资，上海某公司以刘某、曹某为代表的 18 位员工，凭“白条”直接向法院起诉要求给付 15.9 万余元工资款。上海市静安区人民法院对上述 18 起案件分别作出一审判决,全额支持了员工的诉讼主张。

法院认为这 18 起拖欠工资案件,虽然没有经过劳动仲裁,但该公司在未支付工资情况下出具欠条,承认拖欠员工们的工资,是公司的真实意思表示,法院遂判决 18 名员工凭“白条”胜诉。

一般劳动争议纠纷都需要劳动仲裁前置程序,但按照最高法院关于审理劳动争议案件适用法律若干问题的解释规定,劳动者以用人单位的工资欠条为证据,直接向人民法院起诉,诉讼请求不涉及劳动关系其他争议的,视为拖欠债务,可按照普通民事债务关系纠纷处理,这一规定使劳动者凭“白条”索讨工资案,驶上了诉讼快速通道。

原则上劳动争议案件必须经过仲裁才能进入诉讼程序,但存在个别例外情形。劳动者以用人单位的工资欠条为证据直接向人民法院起诉,诉讼请求不涉及劳动关系其他争议的,视为拖欠劳动报酬争议,按照普通民事纠纷处理。用人单位拖欠或者尚未足额支付劳动报酬的,劳动者可以依法向当地人民法院申请支付令,进入督促程序。如果用人单位对支付令未提出异议,劳动者可以申请人民法院强制执行,进入执行程序。如果用人单位对支付令提出异议,督促程序终结,劳动者不能直接诉讼,应当申请仲裁。

2.2.1 劳动争议调解与诉讼的衔接

关于劳动争议仲裁与诉讼的衔接问题,法律依据为《劳动争议调解仲裁法》第四十七条,符合该条规定的仲裁裁决为终局裁决,在该条规定以外的情况则可提起诉讼。《劳动争议调解仲裁法》第四十七条规定,下列劳动争议,除本法另有规定的外,仲裁裁决为终局裁决,裁决书自作出之日起发生法律效力:(一)追索劳动报酬、工伤医疗费、经济补偿或者赔偿金,不超过当月最低工资标准十二个月金额的争议;(二)因执行国家的劳动标准在工作时间、休息休假、社会保险等发生的争议。

2.2.2 劳动争议诉讼的管辖

劳动争议案件由用人单位所在地或者劳动合同履行地的基层人民法院管辖。劳动合同履行地不明确的,由用人单位所在地的基层人民法院管辖。当事人双方不服劳动争议仲裁委员会作出的同一仲裁裁决,均向同一人民法院起诉的,先起诉的一方当事人为原告,但对双方的诉讼请求,人民法院应当一并作出裁决。当事人双方就同一仲裁裁决分别向有管辖权的人民法院起诉的,后受理的人民法院应当将案件移送给先受理的人民法院。

劳动争议诉讼的当事人主要包括劳动者与用人单位。劳动争议诉讼常常涉及特殊当事人的主体资格问题,相关司法解释作出了详细的规定。例如,用人单位与其他单位合并的,合并前发生的劳动争议,由合并后的单位为当事人;用人单位分立为若干单位的,其分立前发生的劳动争议,由分立后的实际用人单位为当事人。用人单位分立为若干单位后,对承受劳动权利义务的单位不明确的,分立后的单位均为当事人。

2.2.3 劳动争议诉讼的第三人

劳动争议诉讼的第三人,是指与他人之间的劳动争议诉讼案件的处理结果有法律利害关系,因而参加到他人之间正在进行的诉讼中的用人单位或劳动者。原用人单位以新的用人单位侵权为由向人民法院起诉的，可以列劳动者为第三人。原用人单位以新的用人单位和劳动者共同侵权为由向人民起诉的，新的用人单位和劳动者列为共同被告。

2.2.4 劳动争议诉讼的举证责任

劳动争议诉讼的举证责任，原则上谁主张谁举证。但也有例外的情况。一是因用人单位作出的开除、除名、辞退、解除劳动合同、减少劳动报酬、计算劳动者工作年限等决定而发生的劳动争议，用人单位负举证责任。二是工伤的认定。职工或者其近亲属认为是工伤，用人单位不认为是工伤的，由用人单位承担举证责任。三是加班费。劳动者主张加班费的，应当就加班事实的存在承担举证责任，但劳动者有证据证明，用人单位掌握加班事实存在的证据，用人单位不提供的，由用人单位承担不利后果。

劳动争议诉讼的程序包括申请、受理、开庭准备、当事人陈述、法庭辩论、最后陈述、进行调解、法院判决。

2.2.5 诉讼中的权利救济

诉讼中的权利救济包括财产保全。财产保全包括诉前财产保全与诉讼财产保全两类。诉前财产保全也就是诉前保全，是指利害关系人因情况紧急，不立即申请财产保全将会使其合法权益受到难以弥补的损害的，可以在起诉前向人民法院申请由人民法院所采取的一种财产保全措施。诉讼保全是指人民法院对于可能因当事人一方行为或其他原因使判决不能执行或难以执行的案件，在对该案判决前，依法对诉讼标的物或与本案有关的财物，采取的强制性措施。

在劳动诉讼中，为保护弱势劳动者权益，劳动者在诉讼过程中向人民法院申请采取财产保全措施。人民法院经审查认为申请人经济确有困难，或有证据证明用人单位存在欠薪逃匿可能的，应当减轻或者免除劳动者提供担保的义务，及时采取保全措施。

强制执行是指国家机关根据债权人的申请依据、执行依据，运用国家强制力强制债务人履行债务，以实现债权人的民事权利的活动。劳动诉讼中的强制执行具有一定的特殊性，人民法院作出的财产保全裁定中，应当告知当事人在劳动仲裁机构的裁决书或者在人民法院的裁判文书生效后的三个月内申请强制执行。逾期不申请的，人民法院应当裁定解除保全措施。劳动诉讼中申请强制执行的期限较普通民事诉讼中六个月的申请期限短，一方面是因为劳动者申请诉讼保全的条件相对宽松，防止被恶意滥用，损害用人单位的利益；另一方面也是为了及时行使权利及减少对用人单位生产经营的影响。

对于诉讼有以下几种结果。(一)撤销。用人单位对劳动者作出的开除、除名、辞退等处理，或者因其他原因解除劳动合同，确有错误的，人民法院可以依法判决，予以撤销。(二)变更。对于追索劳动报酬、养老金、医疗费以及工伤保险待遇、经济补偿金、培训费及其他相关费用等案件给付数额不当的，人民法院可以予以变更。(三)启动执行程序。对于当事人申请执行仲裁裁决以及某些具有执行效力的调解协议的，人民法院应当依法启动执行程序。(四)裁定不予执行。对于当事人申请执行的裁决书、调解书，被申请人提出证据证明劳动争议仲裁裁决书、调解书有特定情形并经审查核实的，人民法院可以裁定不予执行。

2.3 拓展活动:谈谈大学生兼职有没有签订劳动合同的必要

2.3.1 活动主题

大学生在假期经常参加各种兼职工作,为保障同学们的合法权益,是否需要在兼职期间签订劳动合同呢?同学们以小组的形式分组讨论,并选择代表发言陈述观点。

2.3.2 活动时间

建议2周。

2.3.3 参加人员

全体学生。

2.3.4 活动内容

(1)请围绕大学生在兼职期间签订劳动合同展开讨论,探讨其好处、保障内容以及必要性等方面的问题。

(2)大学生在兼职期间签订劳动合同是否有必要?

(3)兼职期间签订劳动合同有效吗?

(4)大学生在兼职期间签订劳动合同有什么保障?

模块3 大学生劳动就业维权

3.1 劳动风险防范

3.1.1 劳动风险概述

劳动风险包括劳动者面临的风险与用人单位面临的风险两个方面。劳动者在日常生活中面临的风险包括自然的身体或生理变化、职业上的灾害事故及工作机会的丧失等。如疾病、负伤、生育、残疾、衰老、死亡和失业风险,又如劳动合同争议、知识产权争议等法律风险。用人单位面临的风险包括制定规章制度风险、招聘员工风险、劳动合同相关风险、竞业限制和保密协议风险、知识产权风险等。

对劳动者而言,应当加强法律法规学习,主动签订书面劳动合同,遵守单位规章制度,了解维权渠道等。对用人单位而言,应当完善单位规章制度,加强职工管理和培训,完善劳动合同条款,合理分配薪酬等。

3.1.2 劳动风险防范的主要制度

公司可以依据规章制度及法定程序解除双方的劳动关系。防范劳动风险的主要制度是社会保险制度,社会保险制度是国家为应对年老、患病、工伤、失业、生育等情况,发展社会保险事业,设立社会保险基金,使劳动者在上述情况下获得帮助和补偿。

社会保险制度是社会保障制度的重要组成部分,后者还包括社会福利、社会救助、社会优抚等保障制度。

社会保险具有3个方面特征。一是社会性。社会保险对象为全体社会成员,资金来源通常由作为被保险人的劳动者及劳动单位缴费,政府承担补充责任。二是保险性。社会保险建立于风险分摊的基础上,其费用与被保险人承担的社会风险相关。三是强制性。劳动者必须依法参加社会保险,缴纳社会保险费,交费义务主体必须按照法定标准和期限,及时足额缴纳社会保险费用。

2010年10月28日,第11届全国人民代表大会常务委员会第17次会议通过《中华人民共和国社会保险法》,并于2018年进行修正。

社会保险内容非常广泛,包括养老保险、医疗保险、工伤保险、失业保险和生育保险。

养老保险是国家通过立法强制建立养老保险金,被保险人达到法定退休年龄并退出劳动岗位时,可以从养老保险基金中领取保险金,以保证基本生活的一种制度。

医疗保险是人们因生病或非因工负伤,需要治疗时,由国家或社会为其提供必需的医疗服务及物质帮助的社会保险制度。

工伤保险是劳动者在工作过程中或法定情形下因工作原因发生事故,或因接触职业性有害因素导致劳动者暂时或长期丧失劳动能力死亡时,对劳动者本人或其近亲属提供医疗救治、职业康复、经济补偿等必要的物质帮助的社会保险制度。

失业保险是国家通过立法强制建立社会统筹基金,对因失业暂时中断生活来源的劳动者在法定期间内提供物质帮助,以维持其基本生活需要的一项社会保险制度。

生育保险通过国家强制方式筹集生育保险金,为怀孕和分娩的参保妇女提供收入保障、医疗服务和生育休假,确保参保妇女生育期间的生活维持和健康养护的社会保障制度。

3.1.3 劳动合同风险与防范

劳动者与用人单位应签订书面劳动合同,未能正确签订劳动合同,也会存在相应的法律风险。劳动合同是劳动者与用人单位确立劳动关系、明确双方权利和义务的协议。建立劳动关系应当订立劳动合同,劳动合同是建立劳动者与用人单位劳动关系的基本前提,在劳动法中占有核心地位。劳动者和用人单位就双方权利义务进行协商,签订劳动合同,对双方均具有约束力。

根据劳动期限,劳动合同可以分为固定期限劳动合同、无固定期限劳动合同和以完成一定工作任务为期限的劳动合同。

劳动合同中的第一类风险是合同形式风险。《劳动合同法》要求,劳动合同需具备书面形式,用人单位具有及时与劳动者订立书面劳动合同的义务,并规定了法律责任。《劳动合同法》第十条规定,建立劳动关系应当订立书面劳动合同,已建立劳动关系,未同时订立书面劳动合同的,应当自用工之日起一个月内订立书面劳动合同。用人单位与劳动者在用工前订立劳动合同的,劳动关系自用工之日起建立。用人单位与劳动者签订劳动合同关系见表6-1。

表 6-1 用人单位与劳动者签订劳动合同关系表

时间段	用人单位未与劳动者订立书面合同的法律后果	劳动者不与用人单位订立书面劳动合同的法律后果
自用工之日起 1 个月内	法律没有规定。1 个月是宽限期,用人单位在此期间未与劳动者订立书面劳动合同并不违法	用人单位应书面通知劳动者终止劳动关系,无需向其支付经济补偿,但应依法向其支付实际工作时间报酬
自用工之日起超过 1 个月、不满一年	用人单位应向劳动者每月支付两倍工资,起算时间为用工之日起满 1 个月的次日,截止时间为补订书面劳动合同前一日,并与劳动合同补订书面合同	用人单位应书面通知劳动者终止劳动关系,依《劳动合同法》第四十七条规定支付经济补偿
自用工之日起满 1 年	用人单位自用工之日起满 1 个月的次日至满 1 年的前一日应向劳动者每月支付两倍工资,并视为自用工之日起满 1 年的当日已经与劳动者订立无固定期限劳动合同,应立即与劳动者补订书面劳动合同	法律没有明确规定

劳动合同中的第二类常见风险为合同期限风险。在固定期限与无固定期限劳动合同之间,风险差距比较大。固定期限劳动合同劳动者风险比较大,职业稳定感差,是否续订,很大程度上取决于用人单位。用人单位则获取用工的灵活性和降低用工成本。无固定期限劳动合同对劳动者更为有利,防止用人单位使用完劳动者的黄金年龄段之后,不再使用劳动者。为保障劳动者的合法权益,在一些情况下,劳动者提出或者同意续订、订立劳动合同的,除劳动者提出订立固定期限劳动合同外,法律规定应当订立无固定期限劳动合同。

订立无固定期限劳动合同条件:劳动者在该用人单位连续工作满十年的;用人单位初次实行劳动合同制度或者国有企业改制,重新订立劳动合同时,劳动者在该用人单位连续工作满十年,且距法定退休年龄不足十年的;当连续订立二次固定期限劳动合同,且劳动者没有《劳动合同法》第三十九规定的情形,用人单位自用工之日起满一年不与劳动者订立书面劳动合同的,视为用人单位与劳动者已订立无固定期限劳动合同。

劳动合同中第三类常见风险为合同条款风险。劳动合同法定条款包括用人单位与劳动者基本信息、劳动合同期限、工作内容和工作地点、工作时间和休息休假、劳动报酬、社会保险、劳动保护、劳动条件和职业危害防护等。缺乏必备条款的劳动合同并非必然无效,如对劳动报酬和劳动条件等标准约定不明确引发争议的,用人单位与劳动者可以重新协商,协商不成的适用集体合同规定。没有集体合同或者集体合同未规定劳动报酬的,实行同工同酬。没有集体合同或者集体合同未规定劳动条件等标准的,适用国家有关规定。

劳动合同往往由用人单位提供,若用人单位提供的劳动文本未载明必备条款或者用人单位未将劳动合同文本交付劳动者的,由劳动行政部门责令改正。给劳动者造成损害的,应当承担赔偿责任。

用人单位与劳动者可以约定试用期、培训、保守秘密、补充保险和福利待遇等其他事项,也存在相关风险。以试用期约定为例,劳动合同期限三个月以上不满一年的,试用期不得超过一个月。劳动合同期限一年以上不满三年的,试用期不得超过两个月。三年以上固定期限和无固定期限的劳动合同,试用期不得超过六个月。同一用人单位与同一劳动者只能约定一次试用期,以完成一定工作任务为期限的劳动合同或者劳动合同期限不满三个月的,不得约定试用期。试用期包含在劳动合同期限内,劳动合同仅约定试用期的试用期不成立,该期限为劳动期限。劳动者在试用期的工资不得低于本单位相同岗位最低档工资或者劳动合同约定工资的80%,并不得低于用人单位所在地的最低工资标准。在试用期中除劳动者符合特殊情形外,用人单位不得解除劳动合同。用人单位在试用期解除劳动合同的,应当向劳动者说明理由。

劳动合同中第四类风险是合同解除风险。劳动合同的解除,包括协议解除与单方解除两种类型。劳动者与用人单位协商一致,解除劳动合同,即协议解除。在符合法律规定的情形下,劳动者与用人单位也可单方解除劳动合同。劳动者单方解除劳动合同包括:随时解除劳动合同(即时辞职);提前30日通知解除和试用期内提前3日通知解除劳动合同(预告解除);立即解除劳动合同。用人单位单方解除劳动合同的情形包括过失性辞退、无过失性辞退、经济性裁员三类情况。上述情况各有不同的条件与适用程序,劳动者与用人单位必须严格依照《劳动合同法》规定解除劳动合同。在特定情况下,用人单位不得进行无过失辞退及经济性裁员。

3.2 劳动条件与劳动保护

工作时间是指劳动者据国家法律规定,在一个昼夜或一周之内从事本职工作的时间。法律规定的一昼夜从事工作的小时数总和称为工作日,一周之内从事工作的工作日总和称为工作周。

3.2.1 工作时间制度

工作时间具有以下法律特征。一是较强法定性。最长限度由法律规定,用人单位安排劳动者劳动不得超过最高法定的工时。二是履行劳动义务和计发劳动报酬的依据。劳动者按照用人单位依法规定的时间从事生产或工作。用人单位按照劳动者在工作时间内提供的劳动数量和质量计发劳动报酬。三是实际工作时间与有关活动时间的总和,不仅包括实际工作时间,还包括生产或者工作准备时间、结束前的整理和交接时间,以及工作休息时间、女职工哺乳期间、行政活动时间、工会活动时间、出差时间、履行社会职责时间等。

3.2.2 休息休假制度

我国实行劳动者每日工作时间不得超过8小时,平均每周工作时间不得超过44小时的工时制度。用人单位应当保证劳动者每周至少休息1日,企业因生产特点不能实行上述规定的,经劳动行政部门批准,可以实行其他工作和休息办法。用人单位由于生产经营需要,经与工会和劳动者协商后,可以延长工作时间,一般每日不得超过1小时,因特殊原因需要延长工作时间的,在保障劳动者身体健康的条件下,延长工作时间每日不得超过3小时。但每月不得超过36小时。超过正常工作时间的,用人单位应当给劳动者支付高于劳动者正常工作时间的工资报酬即加班费:(一)安排劳动者延长工作时间的,支付不低于工资的150%的工资报酬;(二)休息日安排劳动者工作又不能安排补休的,支付不低于工资的200%的工资报酬;(三)法定休假日安排劳动者工作的,支付不低于工资的300%的工资报酬。

休息时间是指劳动者依法获得的一个工作日或者工作周循环周期的不计付工资报酬的自由支配时间。休假是指劳动者依法获得的具有某种特定意义的计付工资的自由支配时间。休息与休假之间具有以下区别:休息时间总量大于休假;休息时间固定且普遍存在,而休假除法定节日外不具有固定性且享有程度不同;休息不带薪,休假一般都带薪;休假往往具有特定目的价值。

我国用人单位应当保证劳动者每周至少休息一日,用人单位在元旦、春节、国际劳动节、国庆节以及法律、法规规定的其他休假节日应当依法安排劳动者休假。国家实行带薪年休假制度,劳动者连续工作一年以上的,享受带薪年休假,具体办法由国务院规定。对女职工而言,女职工生育享受不少于 90 天的产假,此外,根据相关劳动法律法规,劳动者还享有探亲假、年休假、婚丧假等休假。

3.2.3 工资制度

工资也称薪金,是指劳动者应履行劳动合同义务获得的、用人单位以法定或约定方式向劳动者支付的劳动报酬。工资具有以下特征:工资的产生是基于劳动者与用人单位之间的劳动关系;工资标准确定依据是劳动法、集体合同、劳动合同的规定和约定;工资形式及支付方法是法定的;工资体现国家与劳动关系主体间、劳动关系主体之间双重属性,体现一定程度的公法关系。

工资分配应当遵循按劳分配原则,实行同工同酬。工资水平在经济发展的基础上逐步提高,国家对工资总量实行宏观调控。用人单位根据本单位的生产特点和经济效益,依法自主确定本单位的工资分配方式和工资水平。

我国现行工资形式分为计时工资和计件工资 2 种基本形式,在一定范围内实行年薪制。计时工资是根据职工的工作时间,按照工资标准和等级计算支付劳动者个人工资的形式,分为月工资制,日工资质和小时工资制三种。计件工资是按照劳动者完成的合格产品的数量和预先规定的计件单价计算工资的形式。

年薪是指对符合一定条件的劳动者实行以一个账务年度为核算依据,进而发放劳动报酬的工资形式。

工资的构成是指工资总额由几部分相互联系的内容构成,通常由基本工资、奖金、津贴、补贴等构成,其中基本工资是劳动者与用人单位在劳动合同中约定的与工作岗位相适应的相对固定的工资单位。

奖金是用人单位对劳动者提供的超额劳动所支付的报酬。津贴是指补偿劳动者在特殊条件下的劳动消耗及生活费额外支出的工资补充形式。补贴一般是指特定条件下因物价变动影响而对劳动者作出的临时性工资补助。最低工资标准是指劳动者在法定工作时间或依法签订的劳动合同约定的工作时间内提供了正常劳动的前提下用人单位依法应支付的最低劳动报酬。最低工资保障劳动者及其家庭成员的基本生活需要,是国家立法通过的法定标准,也是劳动者获得劳动报酬的最低标准。

我国实行最低工资保障制度,最低工资具体标准由省、自治区、直辖市人民政府规定,报国务院备案。确定和调整月最低工资标准,应参考当地就业者及其赡养人口的最低生活费用、城镇居民消费价格指数、职工个人缴纳的社会保险金和住房公积金、职工平均工资、经济发展水平就业状况等因素。

用人单位支付劳动者的工资,不得低于当地最低工资标准。确定和调整最低工资标准应当综合参考劳动者本人及平均赡养人口的最低生活费用、社会平均工资水平、劳动生产率、就业状况、地区之间经济发展水平差异。

2004年，原劳动和社会保障部颁布最低工资规定，对最低工资标准等规范作出全方位的规定。工资保障制度包括劳动者实际工资水平保障和工资支付保障两个方面。前者主要通过工资调整和物价补贴来保障劳动者实际工资水平，不过分受物价波动影响；后者则对工资支付项目、水平、形式、对象、时间以及特殊情况下的工资支付作出规定。

工资应当以货币形式按月支付给劳动者本人，不得克扣或者无故拖欠劳动者的工资。对工资支付更为细化的规定体现在《工资支付暂行规定》及补充规定中，包括支付形式、支付对象、支付方式、支付时间和支付保障。

3.2.4 劳动保护制度

扫一扫：劳动安全卫生制度中的权利和义务

劳动过程中存在安全生产风险及职业病风险，《劳动法》《安全生产法》《职业病防治法》等法律对此进行了全面规定，保障劳动者的安全健康。

《劳动法》第六章对劳动安全卫生进行专章规定，用人单位必须建立健全劳动安全卫生制度，严格执行国家劳动安全卫生规程和标准。对劳动者进行劳动安全卫生教育，防止劳动过程中的事故，减少职业危害。劳动安全卫生设施必须符合国家规定的标准，新建、改建、扩建工程的劳动安全卫生设施必须与主体工程同时设计、同时施工、同时投入生产和使用。

用人单位必须为劳动者提供符合劳动规定的劳动安全卫生条件和必要的劳动防护用品，对从事有职业危害作业的劳动者应当定期进行健康检查，劳动者在劳动过程中必须严格遵守安全操作规程。劳动者对用人单位管理人员违章指挥、强令冒险作业，有权拒绝执行；对危害生命安全和身体健康的行为，有权提出批评、检举和控告。此外，《安全生产法》要求安全生产工作应当以人为本，坚持安全发展，坚持安全第一、预防为主、综合治理的方针。强化和落实生产经营单位的主体责任，建立生产经营单位负责、职工参与、政府监管、行业自律和社会监督的机制。

职业病是企业、事业单位和个体经济组织等用人单位的劳动者在职业活动中，因接触粉尘、放射性物质和其他有毒、有害因素而引起的疾病。《中华人民共和国职业病防治法》提出，职业病防治工作坚持预防为主、防治结合的方针，建立用人单位负责、行政机关监管、行业自律、职工参与和社会监督的机制，实行分类管理、综合治理。

用人单位与劳动者订立劳动合同（含聘用合同）时，应当将工作过程中可能产生的职业病危害及其后果、职业病防护措施和待遇等如实告知劳动者，并在劳动合同中写明，不得隐瞒或欺骗。

劳动者就业遵循权利平等原则，不因民族、种族、性别、宗教信仰不同而受歧视，同时，法律针对女职工、未成年工、少数民族人员、退役军人等特殊群体实行就业保障。如《劳动法》规定，残疾人、少数民族人员、退出现役的军人就业，法律法规有特别规定的从其规定。对于未成年工，不得安排其从事矿山、井下、有毒有害等国家规定的第四级体力劳动强度的劳动和其他禁忌从事的劳动,同时规定了对未成年工定期进行健康检查的制度。

此外,刑法对拐骗童工、强迫童工劳动、非法使用童工等行为规定了刑事责任,彰显了对未成年人的保护。基于女性生理特征,女职工禁忌从事的劳动范围包括:禁止安排女职工从事矿山井下国家规定的第四级体力劳动强度的劳动和其他禁忌从事的劳动;不得安排女职工在经期从事高处、低温、冷水作业和国家规定的第三级体力劳动强度的劳动;不得安排女职工在怀孕期间从事国家规定的第三级体力劳动强度的劳动和孕期禁忌从事的劳动,对怀孕 7 个月以上的女职工,不得安排其延长工作时间和夜班劳动;不得安排女职工在哺乳未满 1 周岁的婴儿期间,从事国家规定的第三级体力劳动强度的劳动和哺乳期禁忌从事的其他劳动,不得安排其延长工作时间和夜班劳动。

3.3 大学生求职过程中的法律风险与防范

了解大学生招录聘过程当中的法律问题,是学生就业时要掌握的重要内容,主要包含撰写简历、招聘、录用、办理入职手续这几个流程,其中每个流程都有可能出现法律风险。撰写简历是劳动者就职的第一个步骤,作为即将进入职场的大学生,一定要注意简历中的虚假资料、个人信息保护、共享简历后的侵权等问题。

3.3.1 避免虚假资料

【案例 6-2】

避免虚假资料

学生甲:上学的时候没有多考几个证,也没有参加过什么社会实践,这简历空着真难看。

学生乙:你那么实诚干吗,反正要多写几个。随便编几个呗,学生会干部,读书会会长什么的。

学生甲:可是这样做能行吗?

求职过程中提供虚假简历、毕业证书、专业技术证书等行为是违法的。《劳动合同法》第八条规定,用人单位有权了解劳动者与劳动合同直接相关的基本情况,劳动者应当如实说明。该法第二十六条还规定,以欺诈手段使对方在违背真实意思情况下订立的劳动合同无效或者部分无效。因此毕业生在撰写简历过程中,需要注意语言的表达,不要过分夸大、不如实陈述自己的个人亲历,不得提供假冒伪造的个人资料,否则会面临劳动合同无效以及赔偿等问题。

3.3.2 简历中的个人信息保护

【案例 6-3】简历中的个人信息保护

学生甲:这样公司好麻烦呀,我为什么还要提供我父母亲的身份证?

学生乙:你父母信息和求职有什么关系呢? 小心泄露信息!

这位同学的顾虑是合理的,求职者的简历内容有可能涉及个人隐私。建议不要直接提供各种证件的实质性信息,不要泄露与求职无关的个人、家庭等信息。可以将证件原件或复印件作为副本,面试时提交审查。

3.3.3 共享简历后的侵权保护

【案例 6-4】

共享简历后的侵权保护

学生甲:怎么让更多人看到我的求职信息呢?要不我把它放到其他各种网站上?

学生乙:你别什么网站都发呀,会收到很多骚扰信息。

求职者需要注意,在网络平台上共享简历,如果不设加密,有可能被盗用或无授权转载,建议大家选择正规求职网站、公共平台。另外,网络简历应该尽量简化,选择企业可见或提示非经本人同意不得转载等,尽量保护自己的隐私。

写好简历后就要关注招聘信息了。但社会上有些招聘中存在违法违规行为,例如诈骗、招聘广告内容擅自夸大、具体待遇面谈、预交费用、中介或派遣机构无资质和授权等。毕业生需要注意保护自身的合法权益。

3.3.4 预防招聘诈骗

【案例 6-5】

预防招聘诈骗

学生甲:我跟你说,我最近找了一个超级好的工作,我的月薪一万两千元,还包食宿。但是需要我交两千块钱押金,你觉得靠谱吗。

学生乙:这样不安全吧!招聘信息需要再确认一下,实在不行,再去这家公司仔细询问一下,查一下这个公司的资质。

大家对于用人单位的招聘信息应尽可能核实,如果是异地招聘,尽量通过网络、电话、传真等方式深入沟通。如需前往,应确认交通、住宿等费用的承担问题。会见场所应当选择办公室或具有公共性的地点,注意人身安全,尽量不要单身前往。大家要特别注意传销组织冒充用人单位实施诈骗。

3.3.5 招聘广告内容擅自夸大

【案例 6-6】

招聘广告内容擅自夸大

学生甲:这家公司待遇超级好,工作第一年月薪两万块,然后还可以送往美国去读硕士,五年成为合伙人,分分钟达到人生巅峰。

学生乙:这种岗位你仔细看一下,要求一般都很高的,你应该上网看一下具体招聘细节。

学生甲:哦。公司要求学历硕士及以上,还要求有工作经验。没机会!

我们看到好的招聘条件时可以心动,但不要盲目。建议致电详细询问招聘岗位的需求,了解招聘广告中对岗位职责、工作地点、工作时间等要求。部分招聘广告中存在内容擅自夸大、不明确工作岗位或职责的要求、吹嘘录用后待遇等,这都是虚假广告。

3.3.6 合同内容的明确

【案例 6-7】

合同内容的明确

学生甲:我看到一家公司招聘,人力资源经理一直说待遇大家都一样,但说话含含糊糊的,也不详细解释，这怎么办？

学生乙：这种细节必须当面问清楚。

具体待遇面谈，这种拖延是不对的。《劳动合同法》第八条规定。用人单位招用劳动者时，应当如实告知劳动者工作内容、工作条件、工作地点、职业危害、安全生产状况、劳动报酬以及劳动者要求了解的其他情况，这是用人单位的法定义务。与此相对，劳动者也有权利对此进行问询。

3.3.7 预交费用的规定

【案例 6-8】

预交费用的规定

学生甲：我找到工作了，你看这家公司很不错。但有点奇怪，他说要交什么培训费。

学生乙：要收培训费！还没上班就要先掏钱呀！

《劳动合同法》第九条规定，用人单位招用劳动者，不得要求劳动者提供担保，或者以其他名义向劳动者收取财物。如果遇到向求职者收取报名费、培训费、服装费等情形时，可以直接拒绝。总体来说，还是建议大家到正规单位、平台应聘工作。对用人单位提出的要求要仔细思考、切勿心急。

3.3.8 辨别中介或派遣机构资质和授权

【案例 6-9】

辨别中介或派遣机构资质和授权

学生甲：还在投简历呢。看我，我找了家中介，以后我再也不用自己跑东跑西了。

学生乙：虽然找中介，你感觉方便了，但也要小心黑中介。黑中介跟企业所谓的合作关系，有可能是假的，所以一定要小心。

大家通过中介或派遣机构求职时，需要查验对方的服务资质和授权。可以通过工商登记，确认机构性质和业务范围，询问其与企业人力资源管理部门的合作情况，了解就业方向和岗位要求，询问就职待遇等，不要轻易缴纳介绍费。

求职的确不是一件容易的事情，需要撰写合适的简历，与招聘方反复沟通，确认招聘细节。当拿到录取通知书时，大家非常开心，但此时也别忘了，录用时依然可能会出现就业歧视、录用通知错误、录用条件和岗位要求不明确等问题。

3.3.9 不当就业歧视

【案例 6-10】

不当就业歧视

学生甲：我今天去一家单位，本来都谈得好好的，结果人力资源经理问我有没有本市户口，我怎么会有本市的户口呢。然后他直接把我淘汰了，你说气不气人。

学生乙：找工作明明是看工作实力的，怎么能按有没有本地户口算呢。

就业歧视在我国是违法的。《劳动法》第十二条规定，劳动者就业，不因民族、种族、性别、宗教信仰不同而受歧视。此外，该法第十三条规定，妇女享有与男子平等的就业权利。在录用职工时，除国家规定的不适合妇女的工种或者岗位外，不得以性别为由拒绝录用妇女或者提高妇女的录用标准。

以上同学所遇到的是户籍歧视。如与工作无必然联系,招聘方不应对应聘者的身高、性别、户籍等进行限制性规定。

3.3.10 录用通知错误

【案例 6-11】

录用通知错误

学生甲:我前几天去面了好几个公司,然后拿了好几个录用通知。我决定去其中一个公司,就把其他公司退掉了,结果这家人力资源经理跟我说,他家给我的录用通知发错了!

学生乙:这怎么行啊? 那他这不等于让你少了好几个工作机会吗?

需要注意录用通知书的法律效力,其内容具体而明确的可能会构成要约,具有约束力。录用通知一旦以书面方式发出,就要受其约束;以对话方式发出的,了解即生效。用人单位随意撤销录用通知,对于求职者造成损失的,属于违背诚实性原则的行为,求职者可以请求其赔偿损失。此时双方并无劳动关系,不适用《劳动合同法》,而应适用《民法典——合同编》中关于缔约过失责任的规定。

3.3.11 录用条件和岗位要求不明确

【案例 6-12】

录用条件和岗位要求不明确

学生甲:今天去应聘一家公司,到了才发现招聘岗位学历要求,我条件不够,但是奇怪的是居然录用了我。

学生乙:这种没有明确条件或者岗位的录用通知,一般风险确实蛮大的。

这是求职者需要注意的重要问题,录用条件不同于招聘条件,应当具体到岗位任职要求,因为这是试用期结束后,决定你是否能够继续留用的重要前提。《劳动合同法》第三十九条规定,用人单位可以在试用期证明劳动者不符合录用条件的情况下,单方及时解除劳动合同。如果在入职时没有明确录用条件,这将为以后的考核留下隐患。

在了解了招录聘的整个过程后,可以发现,好的简历都不是写出来的,而是日常积累起来的。希望毕业生珍惜光阴,不断提高自身的专业能力和职业素养,同时也需要有一定的法律意识,注意招录聘过程中的法律风险,大胆求职,小心防范。

3.4 拓展活动:大学生就业如何保护自身利益

3.4.1 活动主题

大学毕业生面临就业问题。为保障同学们的合法权益,谈谈大学毕业生在就业过程中如何保护自己的合法权益? 同学们以小组的形式,分组讨论,并选择代表发言陈述观点。

3.4.2 活动时间

建议 2 周。

3.4.3 参加人员

全体学生。

3.4.4 活动内容

(1)请围绕大学生在就业过程中如何保护自己的合法权益展开讨论,探讨其必要性、保护措施等方面的问题。

(2)大学生在就业过程中面临哪些问题和风险?

(3)大学生在就业过程中保护自身合法权益的措施有哪些?

主题实践活动六:新业态劳动者权益保障普法宣传活动

1. 活动主题

快递员、送餐员、代驾员、网约车司机……在"互联网+"的新形势下,一大批新业态劳动者纷纷涌现。

与此同时,这些从业人员却面临现实的烦恼:在追求工作自由与灵活时,没有单位归属感,职业风险高;在追求速度与效率时,往往会伴随安全隐患;在遇到权益受损时,缺乏社会保险予以保障。

新型就业者权益保障难!

2. 活动宗旨

通过本次实践活动,探索新就业形态从业人员可以通过哪些法律手段保障自身权益,并通过普法宣传的方式让身边的新业态从业人员知道。

3. 活动时间

建议 2 周。

4. 参加人员

全体学生。

5. 活动内容

(1)法律法规检索。全体同学分组,通过网络、图书馆资料查阅相关法律法规采。根据访谈情况,参考下表填写实践活动记录表。

实践活动记录表

查阅时间		查阅地点	
查阅方式	□网络 □图书馆 □其他		
小组成员名单			
法律法规及具体条款			

（2）制订宣传计划并实施。

（3）交流总结。小组分别进行交流讨论，对本次活动取得效果进行评价，并撰写不少于2 000字活动总结。

【参考文献】

[1] 北京工会维护劳动者权益典型案例评析（一）[J]. 工会博览，2022（4）：15.

[2] 北京工会维护劳动者权益典型案例评析（二）[J]. 工会博览，2022（5）：20.

[3] 北京工会维护劳动者权益典型案例评析（三）[J]. 工会博览，2022（6）：20.

[4] 北京工会维护劳动者权益典型案例评析（四）[J]. 工会博览，2022（7）：20.

[5] 北京工会维护劳动者权益典型案例评析（五）[J]. 工会博览，2022（9）：20.

[6] 北京工会维护劳动者权益典型案例评析（六）[J]. 工会博览，2022（10）：14.

[7] 北京工会维护劳动者权益典型案例评析（七）[J]. 工会博览，2022（12）：16.

[8] 赵艳. 高职学生顶岗实习权益保障研究 [D]. 开封：河南大学，2022.

[9] 罗克. 我国高校毕业生就业权益法律保护研究 [D]. 武汉：华中师范大学，2020.

[10] 石森. 新业态劳动者劳动权益保障问题的对策建议 [J]. 人才资源开发，2022（1）：10-12.